**La collection *Théories et pratiques dans l'enseignement*
est dirigée par Gilles Fortier et Clémence Préfontaine**

La collection regroupe des ouvrages qui proposent des analyses sur des aspects théoriques et pratiques de l'enseignement, sans restriction quant à la matière enseignée. La collection veut refléter la réalité scolaire et ses aspects didactiques.

Ouvrages parus dans la collection

LIBERTÉ SANS LIMITES

APPRENDRE À VIVRE
AVEC LES RÈGLEMENTS

Mise en pages: Mario Mondou

DES MÊMES AUTEURS

MICHALSKI, Serge. *Ces mots qui provoquent des maux.* Montréal: Louise Courteau, éditrice. 1992.

MICHALSKI, Serge, PARADIS, Louise. *Le décrochage.* Montréal: Éditions Logiques. 1993.

MICHALSKI, Serge, PARADIS, Louise. *La planète d'Oméga - Apprendre à vivre en harmonie.* Montréal: Éditions Logiques. 1994.

MICHALSKI, Serge, PARADIS, Louise. *Oméga et les problèmes de communication - Guide d'animation à l'intention des parents.* Montréal: Éditions Logiques. 1994.

MICHALSKI, Serge, PARADIS, Louise. *Oméga et la communication - Guide d'animation et d'intervention en milieu scolaire.* Montréal: Éditions Logiques. 1994.

MICHALSKI, Serge, PARADIS, Louise. *L'effet de choc des mots - La face cachée de la communication.* St-Zénon: Louise Courteau, éditrice. 1994.

Accompagnant cet ouvrage:

MICHALSKI, Serge, PARADIS, Louise. *Violence et déliquance en milieu scolaire - Guide de prévention pour les intervenants.* Montréal: Éditions Logiques. 1995.

MICHALSKI, Serge, PARADIS, Louise. *Jeunes délinquants, jeunes violents - Guide de prévention à l'intention des parents.* Montréal: Éditions Logiques. 1995.

Serge Michalski et Louise Paradis

LIBERTÉ SANS LIMITES

Apprendre à vivre avec les règlements

Les Éditions
LOGIQUES

Remerciements

Nous tenons à remercier, pour leur précieuse collaboration:
Carmen Gélinas, pour l'analyse des textes, la rédaction et la transcription;
Marie-Line Gagnon, pour le traitement des données sur micro-ordinateur;
Pierrette Paradis, pour la correction des textes.

Illustration de la couverture et illustrations intérieures: Pierrette Paradis
Couverture: Christian Campana
Mise en pages: Mario Mondou

Dans cet ouvrage, l'utilisation du masculin pour désigner des personnes a comme seul but d'alléger le texte et d'identifier sans discrimination les individus des deux sexes. La lectrice ou le lecteur verront à interpréter selon le contexte.

Distribution au Canada:
Logidisque inc., 1225, rue de Condé, Montréal (Québec) H3K 2E4
Téléphone: (514) 933-2225 • Télécopieur: (514) 933-2182

Distribution en France:
Les Éditions LOGIQUES / Bureau de Paris, 110, rue du Bac, 75007 Paris
Téléphone / télécopieur: (33) 1 42 84 14 52

Distribution en Belgique:
Vander Éditeur, avenue des Volontaires, 321, 13-1150 Bruxelles
Téléphone: (32-2) 762-9804 • Télécopieur: (32-2) 762-00662

Distribution en Suisse:
Diffusion Transat s.a., route des Jeunes, 4 ter C.P. 125, 1211 Genève 26
Téléphone: (022) 342-7740 • Télécopieur: (022) 343-4646

Les Éditions LOGIQUES
1225, rue de Condé
Montréal (Québec) H3K 2E4
Téléphone: (514) 933-2225
Télécopieur: (514) 933-2182

Liberté sans limites — Apprendre à vivre avec les règlements

© Les Éditions Logiques inc., 1995
Dépôt légal: Troisième trimestre 1995
Bibliothèque nationale du Québec
Bibliothèque nationale du Canada

ISBN 2-89381-286-4
LX-322

TABLE DES MATIÈRES

INTRODUCTION

Ami lecteur,

C'est en pensant à toi que nous avons écrit ce livre, c'est dans un désir ardent de t'aider à bien comprendre de quoi est fait l'univers de la violence, de la délinquance et des drogues afin que tu saches comment y faire face et que tu puisses aussi être en mesure d'aider tes copains à échapper à ce cauchemar.

Si tu as lu attentivement le livre *La Planète d'Oméga*, si tu as fait tous les exercices qui t'ont été proposés et qu'ainsi tu as appris à résoudre tes problèmes de communication, tu es depuis ce temps membre de l'Alliance pour la paix sur la planète Terre et tu sais très bien ce qu'il y a lieu de faire pour vivre en harmonie avec tes copains, avec tes parents, avec tes frères et sœurs, avec tes professeurs, avec tes compagnons de classe.

Nous t'invitons maintenant à poursuivre tes apprentissages.

- Aimerais-tu comprendre pourquoi il t'arrive de te révolter contre les règlements et contre les adultes qui les imposent?
- Aimerais-tu savoir comment des jeunes en arrivent à devenir violents et indifférents aux souffrances qu'ils font subir aux autres?

- Aimerais-tu comprendre ce qui amène des jeunes à prendre de la drogue ou de l'alcool?
- Aimerais-tu savoir pourquoi tant de jeunes veulent faire partie de gangs ou de groupes de jeunes malfaisants?
- Et surtout, aimerais-tu pouvoir aider d'autres jeunes à échapper au monde de la violence, des drogues, des gangs et de la délinquance?

Si oui, prépare-toi, car Oméga et les sept Éléments de la communication t'amèneront dans l'univers merveilleux de la compréhension de ce qu'il faut savoir et faire pour prévenir ces graves problèmes et aider les jeunes qui en souffrent et qui s'isolent.

Nous t'invitons à faire attentivement chacun des exercices proposés dans ce livre de façon à bien expérimenter ce qui t'est enseigné. De plus, assure-toi de bien comprendre le sens de tous les mots que nous avons utilisés car, jeune lecteur, tu sais maintenant qu'Oméga et les sept Éléments de la communication emploient un langage très précis. Afin que tu comprennes bien le vocabulaire qu'ils utilisent, nous avons défini pour toi plusieurs mots à la fin de ce livre. N'hésite pas à consulter ces définitions; cela t'aidera à comprendre davantage ce sujet important qu'est l'entraide pour prévenir la délinquance. En tout temps, lors de ta lecture, si un mot qui n'est pas défini t'apparaît difficile à comprendre soit parce que tu n'as jamais rencontré ce mot, soit parce qu'il a un sens différent de celui que tu lui donnes, utilise un dictionnaire. Si tu ne peux pas le faire, demande à tes parents ou à ton professeur de t'aider. Comme cela, ta lecture se poursuivra dans le plaisir et dans un désir grandissant de bien comprendre les messages qu'Oméga et les sept Éléments ont à te transmettre.

Bonne lecture et bon apprentissage, ami lecteur.

Chapitre 1

UN APPEL D'OMÉGA

Une année à peine s'est écoulée depuis le retour des jeunes de leur merveilleux voyage interplanétaire et de leur fabuleuse rencontre avec Oméga, le Gardien de la paix des univers.

De la planète AZ126, Oméga observe à son écran géant comment ses jeunes visiteurs accomplissent leur mission de paix sur la planète Terre. Il constate que, pour faciliter l'enseignement de ce qu'ils ont appris lors de leur voyage, un compte rendu détaillé de tout ce qui leur est arrivé ainsi que de tout ce qu'ils ont appris a été écrit. Oméga s'en réjouit grandement.

Puis, syntonisant la fréquence d'Alpha, Oméga s'aperçoit avec plaisir qu'il réussit à vivre en harmonie avec ses proches. Oméga est très satisfait et tout heureux de découvrir comment Alpha met en pratique ce qu'il a appris. Syntonisant ensuite la fréquence d'Igor, Oméga constate avec joie que malgré certaines difficultés causées par la guerre qui sévit dans son pays, Igor a réussi à enseigner à ses amis et à sa famille comment résoudre leurs problèmes de communication. Poursuivant son tour d'horizon, Oméga observe Paméla et remarque avec satisfaction qu'elle aussi a bien suivi ses instructions et qu'elle a réussi à démontrer aux siens comment prévenir les problèmes de communication. Les jeunes de son école ont même adopté comme mot d'ordre: «Vivre ensemble en harmonie». Après avoir syntonisé la fréquence de tous les jeunes en mission, Oméga se rend compte qu'ils sont maintenant prêts pour la deuxième étape de leurs apprentissages. Il invite donc les sept Éléments de la communication à transmettre une invitation aux jeunes terriens.

D'un commun accord, les sept Éléments se concentrent et, instantanément, la clé que chacun des jeunes voyageurs a reçue d'Oméga émet un signal sonore dans un code que chacun des jeunes terriens peut comprendre.

Soudain, Nova, qui dormait à poings fermés, se réveille en sursaut en entendant ce bip-bip incessant.

— Que se passe-t-il? se demande-t-elle en regardant sa clé.

Puis l'effet de surprise passé, elle s'empresse de décoder le message.

Au même instant, Luis, qui est dans la cour d'école, est grandement surpris par le son qu'émet sa clé. La prenant en main, il constate qu'Élément-Émetteur scintille à chaque son émis. Tout à sa joie, il s'empresse de décoder le message suivant:

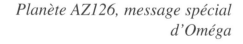

Planète AZ126, message spécial
d'Oméga

Amis terriens,

Voici venu le moment pour vous de me rejoindre dans mon astronef afin que vous

Heureux de se revoir, les jeunes voyageurs arrivent au lieu de rencontre...

puissiez compléter votre apprentissage pour sauver la planète Terre de la violence qui l'envahit. Vos compagnons et amis les Éléments de la communication et moi-même vous attendons. À bientôt.

Oméga
Gardien de la paix des univers

De son laboratoire d'observation, Oméga constate que les messages se sont bien rendus et que tous les jeunes se préparent dans la joie à répondre à son appel.

Cinq jours plus tard, au coucher du soleil, heureux de se revoir, les jeunes voyageurs arrivent au lieu de rencontre et s'apprêtent à partir de nouveau à bord de leur vaisseau spatial. Plusieurs de ceux qui les accompagnent pour les saluer ont le cœur gros, car ils aimeraient aussi être du voyage. Les jeunes qui viennent de pays dans lesquels sévissent des guerres et des luttes armées sont heureux d'avoir réussi, malgré de nombreuses difficultés, à se rendre au point de ralliement. Ils souhaitent apprendre dans ce voyage comment ramener la paix dans leurs pays déchirés par des guerres raciales et par la domination de certains groupes qui veulent s'approprier leurs territoires, leurs richesses naturelles et les réduire à l'esclavage.

Au moment où les jeunes sont prêts à partir, une immense clameur monte de la foule. Les jeunes, surpris par les acclamations, regardent par les hublots et reconnaissent soudain les couleurs d'un arc-en-ciel qui encercle leur vaisseau.

— Nos amis Éléments sont là! s'exclame Alpha.

— Ils sont venus nous chercher, enchaîne avec excitation Paméla.

— Youpi! Youpi! Youpi! chantonne Igor.

14

Et tous les jeunes, heureux de cette bonne nouvelle, regardent leurs amis Éléments et leur font des signes de la main. Puis, le moment de quitter leur planète étant venu, Nova s'installe aux commandes du vaisseau et actionne le signal de départ. Les jeunes s'empressent alors de regagner leurs places. Un long sifflement se fait entendre, puis le vaisseau triangulaire des jeunes pivote sur lui-même et s'élève à une vitesse vertigineuse dans l'espace.

Les sept Éléments sont tout heureux de ressentir la joie de leurs jeunes compagnons et de veiller sur eux pendant leur voyage interplanétaire.

Après quelques semaines d'un voyage agréable au cours duquel les jeunes ont pu partager leurs expériences et échanger sur leurs réussites et leurs difficultés, et après avoir traversé plusieurs constellations, le vaisseau spatial des jeunes voyageurs ralentit, puis s'immobilise au même endroit que lors de leur premier voyage, non loin de la planète AZ126.

— Nous sommes arrivés, s'écrie Hamid tout excité.

— Ah! ce que j'ai hâte de revoir Oméga, ajoute Assam. Je vais lui dire à quel point mon peuple est en danger. Je veux que la guerre s'arrête dans mon pays.

— Dans ton pays et partout sur notre planète, reprend Igor. Chez nous aussi il y a la guerre, comme dans beaucoup d'autres pays.

— Oui, chez nous aussi, dit Aïcha.

— Chez nous aussi, reprennent d'autres enfants.

Soudain des étincelles de lumière jaillissent près de la porte du vaisseau et une voix se fait entendre.

— Que la paix soit dans vos cœurs, jeunes voyageurs terriens! Soyez les bienvenus dans cet univers.

Instantanément, tous les jeunes se retournent et s'exclament en l'apercevant:

— Oméga! C'est Oméga!

Et dans leur hâte de lui parler, ils en oublient leurs apprentissages précédents et émettent leurs messages tous en même temps. Et dans ce tintamarre de voix apparaissent soudain leurs sept amis Éléments.

— Oh! Ah! font les enfants.

— Je suis content...

— Bonjour...

— J'avais hâte...

Seules quelques bribes des paroles émises ressortent de l'ensemble des voix qui accueillent Oméga et les sept Éléments de la communication.

Élément-Attention se met alors à rebondir vivement d'un

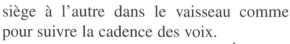

siège à l'autre dans le vaisseau comme pour suivre la cadence des voix.

— Qu'est-ce qui se passe Élément-Attention? demandent quelques enfants.

Élément-Attention s'immobilise et le silence se fait. Il répond:

— Je vous salue, jeunes voyageurs terriens! En rebondissant comme je l'ai fait, j'ai voulu, tout comme vous, manifester ma joie de vous revoir et j'ai tenté d'être attentif à chacun des messages que vous émettiez en même temps.

— Ça, répond Paméla, ce n'est pas possible. On ne peut pas être attentif à deux ou plusieurs messages émis en même temps. Je l'ai appris lors de mon premier voyage.

Et les enfants éclatent de rire en se rendant compte que depuis l'arrivée d'Oméga et de leurs sept amis Éléments dans leur vaisseau, ils étaient tellement surexcités qu'ils ne s'étaient pas arrêtés de parler. Beaucoup de messages avaient été émis en même temps, mais personne n'avait pu les recevoir.

Sur un ton chaleureux, Élément-Attention demande alors aux jeunes voyageurs:

— Amis terriens, pouvons-nous avoir votre attention maintenant?

— Oh oui! répondent les jeunes, ravis de se retrouver à nouveau réunis en leur présence.

— Merci! dit Élément-Attention, puis se retournant vers Oméga, il ajoute:

— Je vous laisse la parole, Maître Oméga.

— Jeunes terriens, dit alors Oméga, je suis très heureux de vous revoir et je constate que vous aviez tous l'intention que je comprenne la grande joie que vous ressentez d'être à nouveau ici et que je comprenne aussi les nombreuses difficultés que plusieurs d'entre vous vivent sur la planète Terre. J'ai ressenti votre bonheur ainsi que votre souffrance, mais je n'ai pas pu décoder vos messages parce que vous parliez tous en même temps.

En vous observant de la planète AZ126, j'ai pu constater avec plaisir que vous aviez réussi à enseigner ce que vous avez appris à tous ceux qui désiraient savoir comment vivre en harmonie. Malgré tout, un grand nombre d'humains n'ont rien voulu savoir de vos messages ni des règles de communication pour vivre en harmonie. À cause de cela, vous avez éprouvé beaucoup de chagrin, et parfois le découragement vous gagnait. Et pourtant, jeunes voyageurs, ne vous avais-je pas informé du fait que ce que vous aviez appris vous serait utile pour aider tous les gens qui **veulent** régler les problèmes de violence, qui ne **veulent** plus vivre en conflit et qui **veulent** vivre en harmonie?

Les jeunes acquiescent d'un signe de tête, et Hamid dit:

— C'est vrai, à notre premier voyage, lorsque vous nous avez indiqué que notre apprentissage n'était pas terminé, vous nous avez parlé de ceux qui voulaient apprendre à vivre en harmonie. Mais moi, je croyais que tout le monde voulait apprendre à vivre en harmonie, que tout le monde souhaitait qu'il n'y ait plus de guerres, plus de violence sur notre planète.

— Moi aussi, moi aussi, c'est ce que je pensais, reprennent plusieurs jeunes.

Et Oméga poursuit la leçon:

— Je sais, jeunes amis, que même si plusieurs terriens ont bien compris vos messages, d'autres ont cependant refusé de les écouter. Dans le cœur de nombreux humains, il y a de la haine, des désirs de vengeance, de la colère accumulée, de l'incompréhension et de plus, il y a malheureusement chez plusieurs, un profond désir de domination. C'est pourquoi votre tâche n'était pas facile. Jeunes voyageurs, ce n'est pas la première fois que des terriens refusent d'entendre des messagers de paix venus leur démontrer comment vivre en harmonie. Mais dites-moi, amis terriens, comment vous êtes-vous sentis face à ces difficultés? Et que ressentiez-vous quand vous réussissiez à démontrer aux gens de votre pays tout ce que vous avez appris?

Et les jeunes se mettent à raconter à tour de rôle comment ils se sont sentis, comment il leur a été facile ou difficile de faire comprendre leurs messages ainsi que les règles de communication indispensables pour réussir à vivre en harmonie. Igor raconte sa surprise la première fois où des gens ont éclaté de rire lorsqu'il leur a parlé des règles de communication et qu'ils lui ont dit:

— Hein, des règles! Hein! Sais-tu à qui tu t'adresses, jeune homme? Je vais t'en faire, des règles. C'était bon quand j'étais jeune, je n'avais pas le choix: il fallait que j'obéisse aux adultes, mais maintenant, pour moi, les règles, c'est fini et depuis longtemps. Va raconter tes histoires à quelqu'un d'autre.

— Moi aussi, ça m'est arrivé plus d'une fois, déclare Mary. Certains m'ont même traitée de folle d'avoir voulu parler de règles à des adultes. Par contre, d'autres comprenaient, voulaient apprendre et mettent maintenant en pratique tout ce que vous nous avez enseigné.

— C'est la même chose pour moi, reprend Steve. Plusieurs voulaient apprendre et vivent maintenant en harmonie, mais d'autres ne voulaient rien savoir. Pourquoi, Oméga? Ils ne peuvent pas se sentir bien avec toute cette violence.

Oméga regarde avec tendresse chacun des enfants, puis

il observe attentivement chacun des sept Éléments de la communication. Élément-Syntonisation se met à scintiller et presque en même temps Élément-Intention devient tout lumineux.

— Si j'ai bien compris, dit Oméga, nos amis Élément-Syntonisation et Élément-Intention veulent vous répondre et sont disposés à commencer leurs enseignements.

Élément-Syntonisation et Élément-Intention deviennent encore plus scintillants et répondent chacun leur tour:

— Oui, Maître Oméga.

— Bien, reprend Oméga. Si vous êtes prêts à continuer votre apprentissage, jeunes voyageurs terriens, je vous invite à venir dans mon astronef où tout est préparé pour vous recevoir et pour vous aider à comprendre pourquoi tant d'humains réagissent avec violence ou avec du je-m'en-foutisme lorsqu'il est question de règlements et pourquoi aussi un grand nombre d'humains s'oppose à la paix. Êtes-vous d'accord, jeunes voyageurs?

— Oh oui! Oh oui! répondent les jeunes tout heureux.

— Et nous allons passer par ce couloir si merveilleux! ajoute Angelo.

Et d'un mouvement de tête à peine perceptible, Oméga installe le couloir de lumière qui relie le vaisseau spatial des jeunes à son astronef et dans lequel la même atmosphère que sur la planète Terre est reproduite afin de permettre aux jeunes voyageurs de traverser en toute sécurité et de participer sans danger aux diverses expériences qu'ils ont à effectuer dans l'espace pour leurs apprentissages.

— Venez, dit ensuite Oméga aux jeunes terriens.

Dans la joie et dans l'enthousiasme, les jeunes s'engagent dans ce couloir en compagnie de leurs hôtes si accueillants.

Chapitre 2

RAS-LE-BOL DES RÈGLEMENTS!

— Oh! Je reconnais nos écrans, s'écrie René en entrant dans la salle des ordinateurs.

— Il y a un nouvel écran, indique Igor en s'approchant d'un écran mural. Je me demande à quoi il sert, ajoute-t-il en pressant une touche du clavier.

— Igor, ne touche pas au clavier! Tu ne sais même pas à quoi sert cet écran, lui dit vivement Nova.

Mais à peine Igor a-t-il actionné une des commandes de l'écran qu'une image apparaît.

— Eh regardez! On dirait notre planète, s'exclame Enriquez.

— Oui, c'est bien la planète Terre, reprend Oméga, et j'utilise cet écran pour syntoniser la fréquence de différentes planètes. Le code d'entrée pour la vôtre est le mot Terre. Tu peux l'inscrire, Igor.

Igor s'empresse d'écrire le mot de passe au clavier. Surpris, les jeunes voient la planète Terre grossir à vue d'œil comme si l'astronef s'en approchait; ils observent avec intérêt ce qui se passe. Une série d'images de leur pays respectif se met alors à défiler à l'écran.

— C'est Rome! C'est là que j'habite, dit Paméla.

— C'est New York! C'est ma ville, ajoute John.

— J'habite tout près de cet endroit, précise Nova, en apercevant son village natal.

— Oh! voyez, c'est mon école et c'est Ramon, s'exclame Luis, heureux et surpris d'apercevoir son ami.

— Regardez! c'est mon village, il est presque complètement détruit par la guerre, s'afflige Assam.

C'est ainsi que chaque enfant peut apercevoir à l'écran un coin de son pays. Mais en voyant les dernières images de guerre, les jeunes ressentent tout à coup une grande tristesse.

— Jeunes amis terriens, dit Oméga, je vous demande de bien vouloir gagner vos places et de vous asseoir confortablement.

Puis Oméga invite les jeunes à exprimer leur tristesse.

Hamid, qui a pu constater que la guerre continue à sévir dans son pays, éclate en sanglots et interroge Oméga:

— Pourquoi les gens ne veulent-ils pas tous vivre en paix? Pourquoi y en a-t-il qui veulent tuer les habitants de mon pays? Il y a même des enfants qui se font tuer alors qu'ils jouent dehors ou qu'ils se rendent à l'école.

— Dans mon pays aussi, c'est comme ça, reprend Raïssa. On ne peut même plus aller à l'école à cause de la guerre.

— Dans mon pays, on n'a même plus de nourriture. L'armée empêche les camions de venir nous ravitailler, ajoute Miguel, la voix enrouée par la tristesse.

— Dans mon pays, déclare Nova, il n'y a pas de guerre et j'en suis bien contente. Mais il y a beaucoup de violence, de bagarres armées, de gangs qui s'affrontent. Beaucoup de jeunes à mon école sortent des couteaux dès qu'ils sont en colère.

— Ça arrive souvent, enchaîne Alpha, et quand je leur explique ce que l'on a appris dans votre astronef, que les coups de poing, les coups de pied, les coups de couteau, ce n'est pas une manière de régler les problèmes, certains veulent apprendre à résoudre leurs problèmes, mais beaucoup d'autres, par contre, se moquent de moi.

Reprenant alors la parole, Oméga dit:

— Sachez que de nombreux terriens ne veulent rien savoir des **règles de vie** que nous utilisons sur la planète AZ126 pour réussir à **vivre ensemble en harmonie.**

Lorsque Élément-Syntonisation entend prononcer l'expression «règles de vie», il se met à scintiller et les chiffres du poste de radio qu'il a sur la tête se mettent à clignoter.

— Je constate qu'Élément-Syntonisation vient tout juste de syntoniser la fréquence de ceux qui ne veulent rien savoir des **règles de vie**, explique alors Oméga.

Les jeunes, surpris de voir la vitesse à laquelle les chiffres apparaissent et disparaissent successivement, portent tous attention à ce qui est en train de se produire.

— Prêts pour vos apprentissages, jeunes voyageurs terriens? demande Oméga.

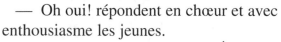

— Oh oui! répondent en chœur et avec enthousiasme les jeunes.

— Alors à vous la parole, Élément-Syntonisation, ajoute Oméga.

— Merci, Maître Oméga, dit Élément-Syntonisation qui s'installe devant le nouvel écran mural et inscrit au clavier le mot **règle**. Au même instant, une série de phrases apparaît à l'écran.

- *J'en ai ras-le-bol des règlements, d'être toujours obligé de faire ceci ou forcé de faire cela!*
- *Je suis écœuré des règlements. J'ai hâte d'être libre et de faire uniquement ce que je veux!*

- *Les règlements? Pouah! C'est juste fait pour nous empêcher d'avoir du plaisir.*
- *On n'est jamais libres de faire ce que l'on veut. Il faut toujours respecter les règlements. Ça m'écœure aux as!*
- *Les profs nous parlent des règlements quand ça fait leur affaire. Quand ça ne leur convient pas, les règlements, ils s'en fichent.*
- *Un règlement! À quoi ça sert? C'est écrit qu'on n'a pas le droit de fumer, mais le surveillant fume, lui.*
- *Je me demande bien pourquoi il y a des règlements. Ils ne font rien pour les faire appliquer. Ça ne sert à rien d'avoir des règlements, je ne comprends pas.*
- *À l'école, certains règlements stipulent de ne pas être violents ni grossiers. Il ne devrait pas y avoir de violence et il y en a quand même beaucoup. Même entre les adultes! On les voit et on les entend, nous «autres».*
- *Des règlements, ça ne sert à rien. Quand il n'y a pas de surveillants, les règlements, ça ne compte pas. C'est comme les «stops» sur la route. Dès qu'il n'y a pas de policiers, mon père dit qu'on n'est pas obligés de s'arrêter.*

Lorsque les phrases disparaissent de l'écran, Élément-Syntonisation demande aux jeunes:

— Dites-moi, amis terriens, des commentaires comme ceux-là, en avez-vous déjà entendu?

— Souvent, répondent plusieurs jeunes.

— Et bien d'autres aussi, ajoute Anouk.

— À mon école, dit Angelo, on entend ça presque tous les jours en plus des grossièretés sur les règlements. Des fois, je me dis, moi aussi, qu'il y a des règlements qui ne servent à rien, comme celui sur la cigarette: on nous interdit de fumer pour notre santé, mais l'an passé, à la polyvalente, certains profs fumaient quand même dans notre classe. En tout cas, en agissant comme ça, ils n'aidaient pas les jeunes fumeurs. Eux, ça les révoltait de les voir faire et de ne pas avoir le même droit qu'eux. Alors, ils fumaient en cachette.

— Ces situations se produisent souvent, ajoute Aïsha. Dans mon pays, je trouve certains règlements injustes. Ce ne sont pas les mêmes pour les femmes que pour les hommes. Et j'ai souvent entendu des commentaires sur l'injustice des règlements établis par des hommes.

— À mon école, déclare Sébastien, les règlements pour les adultes ne sont pas les mêmes que ceux pour les jeunes. Alors que nous devons circuler en silence dans les corridors

 pendant les périodes de classe pour ne pas déranger les élèves, les adultes, eux, ont le droit de parler. Des fois, moi non plus, je ne comprends pas, et il y a plusieurs jeunes qui affirment que «si c'est bon pour eux, c'est bon pour nous». Et les règlements, ils s'en fichent.

Élément-Syntonisation fait alors apparaître à l'écran mural des scènes de différents pays dans lesquelles des jeunes méprisent ou ignorent les règlements.

- *Damien vole un manteau dans le casier d'un élève.*
- *Lucas triche au ballon chasseur.*

25

Un énorme masque apparaît alors à la grandeur de l'écran, et Élément-Intention questionne: «Est-ce que ces jeunes ont l'intention de vivre en harmonie?»

- *Esther mange son lunch dans l'autobus et jette ses papiers par terre.*
- *Paolo verse de la colle dans le pupitre d'un élève.*
- *Héloïse arrive en classe avec des vêtements beaucoup plus courts que ne le permettent les règlements.*
- *Renaud brise les craies en passant près du tableau.*
- *Fridolin bouche avec du papier les tuyaux des éviers de la salle de toilettes.*
- *Valérie jette sa gomme par terre dans le gymnase.*
- *Sacha enlève le ballon avec lequel joue un groupe d'élèves.*
- *Fabia grave au canif un dessin sur la porte de la classe.*
- *Nathan vole le lunch d'un élève.*
- *Suzel donne un coup de pied à un jeune.*
- *Nellie coupe une mèche de cheveux à l'élève qui est assis devant son pupitre.*
- *Pablo arrache une page d'un livre de bibliothèque et la met dans son sac.*
- *Dominique brise la porte de douche de la piscine.*
- *Sabine brise les pots de peinture dans le local d'arts plastiques.*
- *Cathy lance des boîtes à lunch dans l'escalier.*
- *Martial prend des galettes à la cafétéria, puis il se sauve sans payer.*
- *Bastien coupe au couteau le manteau d'un élève.*

Lorsque disparaît la dernière image, un énorme masque apparaît alors à la grandeur de l'écran et Élément-Intention questionne:

— À votre avis, jeunes terriens, ces jeunes ont-ils l'intention de vivre en harmonie?

— Non, s'exclament les voyageurs.

— Ils semblent plutôt avoir des intentions malicieuses, remarque Anouk.

Élément-Syntonisation demande alors:

— Est-ce que ces jeunes respectent les autres?

— Ah non! répondent les jeunes voyageurs.

— Ni les autres ni leur matériel, observe Raïssa.

Élément-Attention vérifie ensuite:

— Ces jeunes sont-ils attentifs à ne pas causer de tort aux autres?

— Non, répondent les jeunes.

— C'est plutôt le contraire, remarque Cynthia.

Élément-Décodage reprend:

— Ces jeunes ont-ils bien décodé le sens du mot **règlement**?

Les jeunes voyageurs, un peu surpris par cette question, se regardent et hésitent avant de répondre.

— Sûrement pas, dit Ramirez.

— Pourtant, c'est expliqué à l'école, ajoute Mary.

— Ils ne doivent pas l'avoir bien décodé, suppose Nova.

— Ils doivent sûrement penser qu'un règlement, c'est juste bon pour nous empêcher de faire ce qu'on a envie de faire, répond Igor.

Soudain les chiffres du poste de radio d'Élément-Synto-

nisation se mettent de nouveau à clignoter et des grince-
ments se font entendre. Élément-Syntonisation tourne alors
son bouton de contrôle pour ajuster la fréquence, et le mot
préjugé apparaît à l'écran mural.

— **Préjugé**, lit Élément-Syntonisation. Quelqu'un
saurait-il m'expliquer ce que signifie ce
mot?

— Oh oui! dit Felipe. Vous nous l'avez
enseigné lors de notre premier voyage.
**Les préjugés sont des idées ou des opi-
nions que l'on se fait d'avance sur
quelqu'un ou sur quelque chose et qui
nous empêchent de l'aimer.**

— Pour nous le faire comprendre,
ajoute Joao, vous nous avez fait voir une
scène à nos écrans: Christine regardait un déménagement par
la fenêtre de sa chambre et lorsqu'elle avait vu que les trois
jeunes qui emménageaient près de chez elle portaient chacun
un ensemble en coton ouaté, elle avait dit à son amie:

— Bah! Ce n'est pas du monde intéressant! Ils ne sont
pas habillés à la mode.

— J'ai compris, poursuit Joao, qu'elle avait une opinion
toute faite sur la manière dont les jeunes doivent s'habiller
pour qu'elle les trouve intéressants.

— C'est exact, dit Élément-Syntonisation. Je crois que
cet exemple est inscrit dans les comptes rendus de votre
premier voyage qui ont été publiés pour que d'autres jeunes
partagent votre expérience et apprennent ainsi à vivre ensemble en harmonie, n'est-ce pas?

— C'est bien ça, répond Nova. Le livre s'intitule *La
Planète d'Oméga* [1], et contient le rapport complet de notre
voyage et de nos apprentissages.

---

1. MICHALSKI, Serge, PARADIS, Louise. *La planète d'Oméga.* Montréal:
   Éditions Logiques. 1994.

29

— C'est très bien, dit Élément-Syntonisation. Maintenant, revenons aux préjugés. Est-ce que l'un d'entre vous peut me donner un exemple d'un préjugé?

Les enfants lèvent la main pour répondre, et Élément-Syntonisation désigne Willie.

Willie raconte:

— L'an passé, près de chez moi, dans mon village, une famille de réfugiés vietnamiens s'est installée. Nous, les jeunes de 6ᵉ année, on se disait:

— Les gens qui viennent du Vietnam sont tous des «bollés». Ça va être «plate», ils ne pensent qu'à étudier.

Ça nous a pris presque quatre jours avant d'aller vers ces nouveaux venus et de leur parler. Nous avions tous un préjugé sur eux. On s'était fait d'avance une mauvaise opinion. C'est vrai qu'ils pensaient à étudier parce qu'ils voulaient réussir, mais ils aimaient aussi beaucoup jouer.

— Bien, dit Élément-Syntonisation. Et toi, Jacinthe, veux-tu nous donner un autre exemple?

— Oui, répond-elle. Un préjugé, c'est souvent une opinion faite d'avance qui nous fait refuser de goûter un mets d'un autre pays parce qu'on est certains que ça ne sera pas bon. Ça m'est arrivé lors de notre voyage. J'étais sûre que je n'aimerais pas ce que Ramirez avait préparé. Je m'étais trompée. Quand, finalement, j'ai décidé d'y goûter, j'ai trouvé son repas excellent.

— Bien, reprend Élément-Syntonisation, et si nous appliquions maintenant la définition de préjugé au mot **règlement**, est-ce que le fait d'avoir des idées toutes faites sur ce qu'est un règlement pourrait empêcher des gens d'aimer les **règlements**?

— Sûrement, répondent les jeunes.

Élément-Décodage ajoute alors:

— Jeunes terriens, n'oubliez pas ceci: un **préjugé**

Élément-Attention fait alors quelques bonds autour du mot préjugé.

empêche non seulement d'avoir le bon code pour déchiffrer le sens d'un mot, mais il empêche aussi l'établissement de saines communications. Les préjugés sont une barrière à la compréhension. Puis s'adressant à Mary, il lui demande:

— Peux-tu comprendre que malgré le fait qu'à ton école, on vous expliquait ce qu'est un **règlement**, tous ceux qui entretenaient des **préjugés** ne pouvaient pas bien décoder les messages?

— Je comprends, répond Mary, c'est plus clair maintenant. Si les élèves à mon école étaient certains d'avance qu'un règlement, c'est injuste, alors ils décodaient que c'était injuste.

Élément-Attention fait alors quelques bonds autour du mot **préjugé** inscrit à l'écran mural.

— Ah! je comprends encore mieux en voyant rebondir Élément-Attention, reprend Mary. En plus de ça, quand il était question de règlements, leur attention rebondissait parce qu'ils avaient des préjugés. Est-ce que c'est ça?

Élément-Attention répond:

— Tu as très bien compris, Mary. Il est très difficile pour les humains de maintenir leur **attention** sur un sujet qu'ils n'aiment pas et qu'ils sont convaincus de bien connaître. Comprenez-vous bien cela, jeunes voyageurs?

— Oh oui! affirment-ils.

— Cela veut dire que même si, à l'école, on leur donnait des explications, ceux qui n'aimaient pas les règlements n'étaient pas attentifs. Ils n'écoutaient pas, ajoute Nova.

— C'est ça, confirme Élément-Attention, et s'il est très

difficile pour les humains de rester attentifs à ce qu'ils n'aiment pas, imaginez ce qui se passe lorsqu'il s'agit d'un sujet qu'ils ont en horreur! Alors là, leur **attention** se disperse très rapidement, pour ne pas dire instantanément. Et sur ce, amis terriens, je laisse la parole à Maître Oméga.

— Jeunes terriens, reprend Oméga, aimeriez-vous savoir d'où viennent les **préjugés** qu'entretiennent plusieurs humains concernant les **règlements**?

— Oh oui! répondent les enfants.

— Alors, observez bien ceci à vos écrans personnels, dit Oméga.

Une scène apparaît alors à l'écran de chacun des jeunes.

> *Linda s'amuse dehors avec ses amis. Soudain, elle entend son père lui crier:*
>
> *— Il est neuf heures, Linda, c'est le temps de rentrer.*
>
> *— Il fait chaud, répond-elle. Est-ce que je peux rester encore un peu?*
>
> *— Neuf heures, c'est l'heure de rentrer, réplique durement son père. Tu le sais, c'est toujours comme ça, n'insiste pas.*
>
> *— Pas toujours. Hier, j'ai pu rester jusqu'à dix heures, reprend Linda.*
>
> *— Hier, c'était hier; aujourd'hui, c'est aujourd'hui, rétorque sèchement son père. Entre avant que je me «choque».*
>
> *Linda argumente:*
>
> *— C'est ça, hier ça faisait ton affaire que je reste dehors parce que tu voulais être seul avec Irène.*

> *— Ça suffit, Linda, arrête de rouspéter et rentre. Sinon, demain, c'est à huit heures que je te ferai rentrer. Il faut bien que quelqu'un mette des règlements dans cette maison, sinon vous faites seulement ce que vous voulez.*
>
> *Linda, frustrée, rage intérieurement contre la décision de son père.*
>
> *— C'est ça, se dit-elle, quand ça fait son affaire, il met des règlements partout et sur tout, puis quand ça l'arrange, quand il aime mieux que je ne sois pas à la maison, il les enlève et je peux rentrer à dix ou onze heures. Un règlement, c'est fait juste pour satisfaire les adultes. Moi, j'ai hâte d'être plus vieille, les règlements, je sais ce que je vais en faire.*

L'écran des jeunes s'éteint.

— Et c'est ainsi, explique Oméga, que s'est installé un

 **préjugé** chez Linda, qui croit maintenant que tous les **règlements** ne profitent qu'aux adultes. Dites-moi, jeunes voyageurs, la prochaine fois qu'il sera question de règlements, croyez-vous que Linda aura envie de les respecter?

— Sûrement pas, répond Raïssa.

— Bien non! disent d'autres jeunes.

— Surtout que c'est injuste, précise Paméla. Lorsque ça convient à son père, elle peut rentrer plus tard et quand ça ne lui convient plus, elle ne le peut pas.

— Jeunes terriens, demande Oméga, avez-vous compris qu'en certaines circonstances, des jeunes en arrivent à ne plus rien vouloir savoir des **règlements**?

— Oh oui! répondent les jeunes.

— Bien, dit Oméga. Maintenant, jeunes voyageurs, afin que vous compreniez encore mieux comment peuvent naître des **préjugés** sur les **règlements**, je vous ai préparé un exercice pratique à faire dans lequel vous devrez vous rappeler un souvenir vécu. Voici mes instructions: surtout, ne le faites pas trop rapidement. Réfléchissez bien avant de répondre. Prenez le temps de bien vous rappeler une scène réelle et assurez-vous de la revoir en entier afin de bien comprendre ce qu'Élément-Syntonisation vous a expliqué.

Oméga touche un bouton et l'exercice à faire apparaît à l'écran personnel des enfants.

— Rappelle-toi une situation qui t'est arrivée et dans laquelle tu t'es dit, comme Linda: «Les règlements, c'est fait juste pour satisfaire les adultes».

— Réflexion.

— Quelle émotion a alors monté en toi?

OU

— Quelle révolte a alors grondé en toi?

*Réponse:*_____

— Par la suite, as-tu conservé un préjugé contre les règlements?

*Réponse:*_____

— Quelles en ont été les conséquences?

*Réponse:*_____

Après avoir laissé le temps aux enfants de bien revoir un souvenir, Oméga vérifie s'ils ont terminé l'exercice.

— Oui, répondent-ils.

— L'un d'entre vous veut-il nous raconter son expérience? demande alors Oméga.

— Oui, moi, répond Steve.

— Alors nous t'écoutons, lui dit Oméga.

Et Steve raconte:

— *Quand j'étais en 5ᵉ année, je n'étais pas tellement grand, j'étais même le plus petit de ma classe. À la fin de l'année, on a fait une sortie avec l'école. On allait dans un parc d'amusement. J'étais très content parce que j'aime ça essayer des manèges. Vers la fin de l'après-midi, avec cinq de mes amis, on s'est placés en file pour aller de nouveau dans le «bateau pirate». C'est super excitant, ce manège-là. C'était la quatrième fois qu'on y allait, et même si la file d'attente était longue, ça ne nous dérangeait pas. Ça faisait au moins dix minutes qu'on attendait lorsqu'on a entendu le gardien dire:*

— *Hé, le petit! Tu n'es pas assez grand pour ce manège-là. Sors de là et file.*

— *J'ai compris que c'était à moi qu'il s'adressait quand il est arrivé près de nous. Il m'a fait sortir de la file en me tirant par le bras. J'ai eu beau lui dire que je l'avais fait trois fois dans l'après-midi, ce manège-là, que j'étais assez grand, il ne faisait que répéter:*

— *C'est le règlement!*

— *Et il m'empêchait d'entrer. Il n'a pas voulu me mesurer. J'étais insulté! En plus, certains se moquaient de moi.*

— *Plus tard, je suis allé au «bateau pirate» avec mon prof et lui, il a vérifié si je passais. Je mesurais deux centimètres de plus que ce que le règlement exigeait. Quand mon prof s'est plaint au gardien, il lui a répondu:*

— *Bof! ce n'est pas compliqué. Quand il y a beaucoup de monde en ligne, je demande aux plus petits de sortir. Ça fait de la place pour les autres.*

— *J'ai alors compris que les règlements, c'était injuste. Le gardien n'a pas établi ce règlement pour la sécurité, mais pour que les adultes attendent moins longtemps. Après, à chaque fois qu'un prof parlait de règlements, je me sentais frustré et je vérifiais s'ils s'appliquaient aussi aux adultes.*

Oméga laisse alors à Steve la possibilité d'exprimer la frustration qui a surgi au souvenir de cette scène.

— Jeunes terriens, affirme ensuite Oméga, en observant la manière de vivre des gens sur votre planète, j'ai pu constater qu'ils ont plusieurs façons de faire naître, chez les jeunes, des **préjugés sur les règlements** et j'ai observé comment, par la suite, ces jeunes ne comprennent plus que certains **règlements** sont essentiels pour qu'un groupe puisse vivre ensemble en harmonie et atteindre ses buts.

Sur ces propos, les chiffres du poste de radio d'Élément-Syntonisation se mettent de nouveau à clignoter en syntonisant différentes fréquences à une vitesse vertigineuse.

— Bien, dit Oméga. Je constate qu'Élément-Syntonisation a déjà, sur ses fréquences, plusieurs autres exemples pour vous démontrer comment naissent les **préjugés sur les règlements**. Je laisse donc la parole à Élément-Syntonisation.

— Merci, Maître Oméga, et Élément-Syntonisation actionne alors la touche **poursuite** de l'écran mural et une scène apparaît. Observez bien ceci, indique-t-il aux voyageurs.

— À l'école secondaire Le Bateau bleu, un règlement interdit de fumer et de manger dans les corridors. À la fin d'une période, lors d'un changement de local, deux professeurs s'empressent de manger un sandwich avant leur prochain cours. Un groupe d'élèves passant devant eux s'arrête, et Magali, l'une de ces jeunes, leur dit alors:

— Ah! je pensais que c'était interdit de manger dans les corridors.

Un des deux professeurs, impatienté, répond sèchement:

— Ce règlement ne nous concerne pas. En plus, je n'ai pas eu le temps de prendre mon déjeuner ce matin.

— Eh bien! ajoute Magali, l'autre jour, le surveillant m'a collé une retenue parce que je mangeais dans le corridor.

— Il avait raison, reprend le professeur. C'est le règlement.

Les jeunes se regardent et n'en reviennent pas. Brian, haussant les épaules, conclut alors:

— Bien, si c'est le règlement et qu'ils ont le droit de manger dans le corridor, je ne vois pas pourquoi je n'aurais pas le même droit.

Et sortant un gâteau de son sac, il commence à le manger.

> — *Je me demande pourquoi ce n'est pas pareil pour tout le monde, reprend Magali.*
>
> — *Parce qu'ils sont professeurs, ils ne sont pas obligés de respecter les règlements. C'est souvent comme ça avec les adultes, se plaint Bianca. Ils nous obligent à faire des choses, mais eux «autres», ils ne les font pas.*
>
> — *Bien voyons, ajoute Carl, c'est parce que ce n'est pas important, sinon ils les feraient. Ce sont juste des règlements stupides et les surveillants ne vont quand même pas empêcher les profs de faire ce qu'ils veulent.*
>
> — *Moi, je déteste ça quand on m'empêche de faire ce dont j'ai envie, reprend Brian.*
>
> — *Moi aussi, et les règlements, je m'en balance. C'est juste bon pour nous embêter, renchérit Karine en hochant la tête.*
>
> — *Il n'y a personne pour empêcher les adultes de faire ce qu'ils veulent faire, eux «autres»! Ce qui est bon pour eux est bon pour moi aussi, affirme Brian en continuant de manger son gâteau.*

Et la scène disparaît de l'écran.

— Ça arrive souvent des choses comme ça, avoue Cynthia.

— Ce n'est pas pour rien que des jeunes pensent qu'un règlement, c'est juste bon pour les empêcher de faire ce dont ils ont envie, ajoute Assam.

— C'est vrai, reprend Élément-Syntonisation. Cependant, jeunes voyageurs terriens, rares sont les humains qui comprennent qu'un **règlement** n'a pas pour but de les embêter mais qu'il existe:

- *soit pour faciliter la réalisation de leurs activités;*
- *soit pour protéger ou favoriser leur santé et leur sécurité;*
- *soit pour favoriser le savoir-vivre en société;*
- *soit pour leur permettre de vivre ensemble en harmonie.*

Retenez bien ceci, jeunes voyageurs: les **règlements** qui facilitent la réalisation d'une activité existent pour que vous sachiez comment réaliser cette activité avec succès sans nuire à aucun des membres du groupe. C'est pourquoi les règlements définissent tout ce qui est favorable ou défavorable à l'atteinte d'un but, qu'il s'agisse d'une activité amusante, d'un jeu ou d'une activité sérieuse. Observez bien cette scène à vos écrans.

Et une scène apparaît à l'écran des enfants.

Jacqueline, un professeur de 6ᵉ année, commence son cours en disant:

— Je vous ai apporté un nouveau jeu de mathématiques ce matin. Je ne crois pas que vous le connaissiez. Il vient de sortir.

— Youpi! disent les élèves.

— Installez-vous en équipes, ajoute Jacqueline.

Dès que les groupes sont formés, elle distribue un jeu par équipe.

— Oh! Ç'a l'air intéressant, constate Sophie.

— Regarde toutes les pièces qu'il y a! s'exclame Luc.

— Wow! Super! ajoutent d'autres élèves.

— Mais comment on assemble tout ça et comment «ça» se joue? demande Marie-Lou. Je ne trouve pas les explications. Jacqueline, dit-elle alors, on ne sait pas comment jouer.

— *Les règlements sont inscrits au fond du cou-*
vercle de la boîte, répond Jacqueline.
— *Ah! je ne les avais pas vus, ajoute Marie-Lou.*
Avec ça, on va savoir comment jouer.

Et la scène disparaît des écrans des enfants.

— Jeunes terriens, explique Élément-Syntonisation, un **règlement** doit toujours définir comment réussir un jeu ou une activité et démontrer ce qui favorise cette activité ou ce jeu et ce qui lui nuit. Autrement dit, un **règlement** précise comment réaliser une activité sans nuire aux autres, ce que vous avez le droit de faire et ce que vous n'avez pas le droit de faire, non pas pour vous embêter comme plusieurs le croient, mais pour permettre à chaque membre du groupe dc réussir cette activité ou de jouer correctement à ce jeu, et d'avoir ainsi la possibilité de gagner honnêtement.

— Tant que les gens sur votre planète, poursuit Élément-Syntonisation, croiront qu'un **règlement** a pour but de les empêcher de faire ce qu'ils aiment, ils ne pourront **décoder** correctement le mot **règle** ou le mot **règlement.** Ils détesteront même ces mots et dès qu'ils les entendront, ils interpréteront aussitôt que la personne qui les prononce est un casse-pieds ou un rabat-joie et qu'elle veut les

empêcher de s'amuser. Comprenez-vous, jeunes terriens,

Igor est instantanément transporté au milieu de l'écran mural.
«Mais... Mais...Qu'est-ce que je fais ici?» proteste-t-il...

qu'il y a beaucoup de **préjugés** à abolir avant que les humains acceptent certains **règlements** leur permettant de pouvoir vivre en harmonie et de rétablir la paix sur votre planète?

— Ah oui! soupirent les jeunes.

— Moi, ajoute Igor, ça m'arrivait souvent avant la guerre lorsque j'étais à l'école ou à la maison d'en avoir ras-le-bol des règlements, d'être «tanné» qu'on m'empêche de faire ce que j'avais envie de faire quand j'en avais envie. Même encore, des fois, je me dis que j'aimerais ça vivre sur une planète où il n'y a pas de règlements.

Au même instant, un bruit ressemblant à celui d'une rafale de vent se fait entendre et à peine son souhait est-il formulé qu'Igor est instantanément transporté au milieu de l'écran mural. Tout surpris, il proteste:

— Mais... Mais... Qu'est-ce que je fais ici? Eh! Qu'est-ce qui se passe?

— Qu'est-ce que tu fais-là, Igor? Qu'est-ce qu'il t'arrive? interroge Alpha, surpris.

— Oméga, pourquoi Igor est-il dans l'écran? demandent plusieurs enfants.

— Comment est-il arrivé là? questionne Cynthia.

— Qu'est-ce qu'il lui arrive? demandent des enfants, affolés.

— Du calme, du calme, amis terriens, dit Oméga. Ne vous inquiétez pas, Igor n'est pas en danger. Il a simplement formulé un souhait que nous lui permettons de réaliser sans risque s'il le désire vraiment.

Et se tournant vers un Igor tout étonné, Oméga demande:

— Dis-moi, Igor, désires-tu vraiment faire un voyage en toute sécurité et savoir comment se passe la vie sur une planète où il n'y a pas de **règlements,** où chacun peut faire ce qu'il a envie de faire, comme il a envie de le faire et au moment où il a envie de le faire?

— Oh oui! répond Igor, très intéressé par cette aventure. Ce serait super, mais pas pour toujours, juste pour essayer quelques jours.

— C'est ça, reprend Oméga, juste pour essayer. Et quand tu voudras revenir, quand tu en auras assez, tu n'auras qu'à prononcer mon nom et tu seras ramené dans l'astronef. En tout temps, pendant ton voyage, tes compagnons pourront te suivre dans ton expérimentation en te regardant à cet écran.

— Youpi! Youpi! Youpi! dit Igor tout excité. Comment se nomme cette planète?

— C'est la planète de la Liberté sans limites, répond Oméga.

— Oh! Wow! quel nom, s'exclame Igor. C'est super! La liberté sans limites, mon rêve!

— Élément-Intention t'accompagnera pour t'expliquer certaines choses, ajoute Oméga. Il veillera sur toi. Bon voyage, Igor.

— Merci, Oméga, répond Igor, et au revoir.

Élément-Intention ajuste alors son masque et apparaît

dans l'écran mural à côté d'Igor. Au signal d'Oméga, tous deux sont ensuite projetés dans l'espace en direction de la planète de la Liberté sans limites. Tout se passe comme s'ils glissaient à la vitesse d'un avion dans un couloir de lumière. Les enfants font au revoir de la main, mais quelques-uns d'entre eux sont un peu inquiets.

— Sois prudent, Igor.

— Pourvu qu'il ne lui arrive rien de désagréable.

— J'espère que ce n'est pas dangereux pour lui.

— Ouf! je ne voudrais pas être à sa place, moi.

D'autres sont excités.

— Youpi! On va pouvoir observer une nouvelle planète.

— C'est super! On va voir s'ils sont très différents de nous, s'ils vont à l'école, s'ils ont des loisirs.

Après quelques minutes de voyage dans l'espace, Élément-Intention montre à Igor une planète et lui explique:

— Nous sommes presque rendus, Igor. C'est là que nous

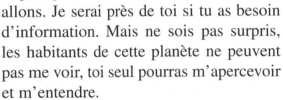

allons. Je serai près de toi si tu as besoin d'information. Mais ne sois pas surpris, les habitants de cette planète ne peuvent pas me voir, toi seul pourras m'apercevoir et m'entendre.

— D'accord, répond Igor, impressionné par tout ce qu'il découvre.

Et Igor arrive enfin à quelques mètres de la planète de ses rêves.

— Ah mais! dit-il, déçu, à Élément-Intention en apercevant un groupe de jeunes. Je pensais que les habitants de cette planète seraient très différents de nous, les humains. Je croyais qu'ils auraient une forme spéciale comme la vôtre, ou celle d'Oméga et des habitants de la planète AZ126.

— Je t'ai amené dans un secteur de la planète où les habitants ressemblent à ceux de la planète Terre afin que tu puisses t'intégrer rapidement à leur groupe, explique Élément-Intention.

— Oh! c'est vrai, reprend Igor, je n'y avais pas pensé.

— De plus, ajoute Élément-Intention, ils parlent la même langue que toi.

— Oh super, on va pouvoir se comprendre! s'écrie Igor en mettant les pieds près d'un terrain de jeu sur la planète de la Liberté sans limites. J'ai envie de jouer, j'y vais, dit-il à Élément-Intention.

— Bon apprentissage, lui répond Élément-Intention.

Heureux d'être libre de faire ce qu'il veut, Igor prête très peu attention au souhait d'Élément-Intention et il se dirige au pas de course vers le terrain de jeu. À peine est-il arrivé que des voix lui parviennent d'une glissoire située à la limite du terrain. Il entend:

— Moi, c'est comme ça que je veux jouer, affirme Pavie, une jeune qui est partie du bas de la glissoire et qui la remonte debout en se tenant par les côtés.

— Et moi, c'est comme ça que je joue, répond Sebha en partant du haut de la glissoire et en se préparant à glisser.

— Hé! Hé! crie Igor. Vous risquez de vous blesser. Arrêtez.

— Toi, ne t'occupe pas de ça! Je joue comme je veux, et elle, je m'en fiche, se fait-il répondre par Sebha.

— Et moi aussi, réplique Pavie.

— Mais ce n'est pas comme ça qu'il faut faire, dit Igor.

Et, au même instant, Sebha se laisse glisser et entre en collision avec Pavie. Et les deux petites filles dégringolent durement de la glissoire.

— Aïe, aïe! se plaignent-elles, étendues par terre.

— Mais où est donc passé le gardien? demande Igor tout en cherchant du regard autour de lui.

— Il n'y a pas de gardien ici, répond Élément-Intention.

Sebha, qui se relève péniblement, questionne Igor:

— Un gardien? Qu'est-ce que c'est ça, un gardien?

— Bien, explique Igor, le gardien surveille, s'occupe de la sécurité et fait appliquer les règl...

Et Igor ravale la fin du mot, car il vient de se rappeler que, sur cette planète, il n'y a pas de **règlements.**

— Oh! Oh! dit-il, ici, ça ne doit pas être drôle tous les jours!

— Surtout, reprend Élément-Intention, lorsque deux jeunes ont des **intentions** qui s'opposent, n'est-ce pas?

— Hum! Hum! fait Igor en guise de réponse.

Et se dirigeant vers un autre secteur du terrain de jeu, il ajoute:

— C'est un terrain de soccer. C'est mon sport préféré, je suis excellent à ce jeu, je vais voir si je peux jouer.

— Bon apprentissage, Igor, lui souhaite Élément-Intention.

Oubliant son premier contact avec cette planète de la Liberté sans limites, Igor se dirige avec enthousiasme vers un groupe. Un jeune de son âge lui lance un ballon de soccer. Tout heureux, Igor s'informe:

— Je peux jouer avec vous?

— Tu peux faire tout ce que tu veux, affirme Barbezieux.

— Hourra! s'exclame Igor en s'approchant plus près du groupe. Je peux faire partie de ton équipe? demande-t-il à Barbezieux.

— Équipe? répond Barbezieux. Je ne connais pas ce mot.

— Tss-tss, Igor! lui explique Élément-Intention. N'oublie pas qu'ici, ils n'ont pas de **règlements**; ils ne peuvent donc pas former d'équipes. Chacun joue comme il veut jouer.

— Ah bon! reprend Igor. Ce n'est pas grave. Ce n'est pas ça qui va m'empêcher de m'amuser.

Igor s'élance sur le terrain en sautillant et en poussant adroitement le ballon d'un pied puis de l'autre. Un jeune arrive alors au pas de course, fait tomber Igor et donne un violent coup de pied sur le ballon qui roule loin à l'extérieur du terrain de soccer.

— Bien voyons! intervient Igor. Ce n'est pas le jeu. Qu'est-ce qui se passe avec toi?

— Le jeu... Comment ça, le jeu? reprend Snéfrou. Je joue comme j'en ai envie. Ici, chacun joue comme ça lui plaît, chacun fait ce qu'il a envie de faire, comme il le veut, quand il le veut et tant pis pour les autres, c'est tout. Ce n'est pas compliqué, hein?

— Mais comment on fait pour jouer au soccer ou au hockey? demande Igor.

— Tu joues comme tu en as envie, répond Snéfrou. Tu fais ton jeu, ça n'a pas de nom, soccer..., hockey..., ça ne me dit rien. Le jeu, c'est ton jeu à toi.

— Oui, mais... reprend Igor, les jeux d'équipes?

En disant ce mot, Igor se rappelle ce qu'Élément-Intention lui a dit: «Il n'y a pas d'équipes, car il n'y a pas de règlements».

— Bien, s'il n'y a pas de règlements, se dit Igor, il n'y a pas de jeu d'équipes.

Et regardant Élément-Intention, il constate que celui-ci acquiesce et lui confirme:

— Tu as bien compris, Igor, sans **règlements**, il ne peut y avoir de jeu d'équipes.

— Mais c'est «plate» sur cette planète! se plaint Igor. Chacun veut toujours jouer à sa manière alors on ne peut pas s'amuser en groupe, ça ne fait que provoquer de la chicane...

Et son rêve semble se détruire. Igor va de déception en déception.

— Rappelle-toi, lui dit alors Élément-Intention, ici, il n'y aura pas de **règlements** pour t'empêcher de faire ce que tu as **l'intention** de faire.

— Non, reprend Igor, mais il peut y avoir quelqu'un par contre qui ait une intention contraire à la mienne et qui vienne défaire mon jeu.

— C'est ça, observe Élément-Intention. Et à ce moment-là, il se produit une collision **d'intentions** qui crée des désagréments, des chicanes et parfois même des blessures comme sur la glissoire ou comme avec le ballon il y a quelques minutes.

Pour se redonner un peu d'espoir, Igor affirme:

— Je n'ai probablement pas assez visité cette planète. Il doit sûrement y avoir des bons côtés à vivre sans règlements. La liberté sans limites! Ça ne se peut pas que l'on ne puisse pas s'amuser, tout est permis!

De l'astronef d'Oméga, les jeunes voyageurs terriens ont pu suivre avec attention les différentes aventures d'Igor. Par contre, plusieurs d'entre eux ne comprennent pas très bien tout ce qui se passe. Quelques-uns se grattent la tête, d'autres prennent des notes et Joao se décide à poser une question:

— Oméga, qu'est-ce qu'Élément-Intention veut dire par: «S'il n'y a pas de règlements, il ne peut pas y avoir d'équipes»?

— Moi non plus, je ne comprends pas, avoue Anouk.

— Moi non plus, moi non plus, ajoutent d'autres jeunes.

— Bien. Et qu'est-ce que c'est pour vous, une équipe? demande Oméga.

— Au hockey sur glace, répond Thierry, une équipe, c'est un groupe de six joueurs qui sont ensemble pour pratiquer ce sport.

— Bien, dit Oméga. Et qu'est-ce qui détermine qu'une équipe de hockey doit être formée de six joueurs?

— Ça, explique Thierry, c'est écrit dans les règlements et on y mentionne même le nombre de joueurs qu'il doit y avoir à chaque position sur la patinoire.

— Si j'ai bien compris, reprend Oméga, lorsqu'une équipe de hockey se réunit pour pratiquer ce sport, chacun des joueurs participe selon son **rôle** à la **position** qui lui est attribuée sur la patinoire. Est-ce que c'est ça?

— Oui, continue Thierry. Il faut qu'il y ait un joueur de centre, un ailier droit, un ailier gauche, deux joueurs de défense et un gardien de but dans chaque équipe.

— Donc, reprend Oméga, tout cela est prévu dans les **règlements.** Les postes sont définis ainsi que la façon dont chaque joueur doit se comporter pour jouer son **rôle** et collaborer à marquer des points. Mais dites-moi, jeunes voyageurs, qu'adviendrait-il si un joueur décidait qu'au lieu d'occuper sa position à la défense, il prenait le rôle de gardien de but ou si un autre agissait comme s'il était tout seul, pour essayer de compter un but sans tenir compte de ses coéquipiers, pour se montrer le meilleur?

— Eh bien! répond Sébastien, une équipe avec des joueurs comme ça, ce serait une bien mauvaise équipe. Si ces deux joueurs-là étaient dans mon équipe, ils ne feraient pas long feu.

— Qu'est-ce que tu veux dire par «ils ne feraient pas long feu»? demande Oméga.

— Les entraîneurs de l'équipe les rappelleraient vite à l'ordre, explique Sébastien. Dans une équipe, la première règle, c'est que tous les joueurs travaillent ensemble pour faire gagner l'équipe. Et s'ils ne voulaient pas suivre les règles du jeu, ils seraient expulsés de l'équipe.

— Bien! reprend Oméga, veux-tu dire que, dans vos équipes de hockey, les **règlements** définissent comment doit se pratiquer ce sport et comment doivent agir les joueurs pour ne pas nuire à leurs coéquipiers?

— Oui, bien sûr, tout ça, c'est écrit dans les règlements, répond Sébastien, et c'est à nos entraîneurs ou aux arbitres que revient la tâche de nous les faire comprendre et de les faire appliquer.

— Moi, dit Patricia, dans mon pays, il n'y a pas de jeu de hockey, mais il existe d'autres sports d'équipes, et c'est la même chose. Si on jouait seulement à notre manière, si on voulait changer de place pendant une partie, notre entraîneur nous dirait: «Tu veux jouer avec l'équipe ou tu veux jouer toute seule?»

— Bien, reprend Oméga, puis s'adressant à Joao, il lui demande:

— Comprends-tu maintenant qu'il ne peut exister d'équipes sans **règlements** qui définissent le **rôle** et les **fonctions** de chaque joueur, ce qu'il doit faire et ce qu'il n'a pas le droit de faire dans la pratique d'un sport?

— Oh oui! répond-elle en riant. Je ne voyais pas les choses comme ça tantôt, vu qu'il s'agissait d'une équipe pour un jeu. Je n'avais pas compris qu'il y avait des règlements, parce que, moi, les règlements, je voyais ça comme des obligations «plates» pour des activités sérieuses à l'école ou à la maison. Quand c'est une activité plaisante ou un loisir, je ne m'en aperçois pas qu'il y a un règlement. Je fais ce qui est à faire en m'amusant. Ça fait partie du jeu, c'est tout.

— Pour moi aussi, c'est comme ça, avoue John. Dans ce temps-là, je ne vois pas le règlement comme un empêchement.

— Pour moi aussi, c'est comme ça, affirment d'autres jeunes, tous d'accord.

— Jeunes voyageurs, ajoute Oméga, il devrait en être ainsi pour toutes vos activités. Le **règlement** fait partie d'un jeu ou d'une activité et il n'est là que pour favoriser la réussite de chaque participant. Comprenez-vous maintenant que sans **règlements,** il n'y a pas de véritable équipe?

— Oh oui! répondent les jeunes.

— Et sans règlements, cela se passerait comme sur la planète de la Liberté sans limites, précise Aïcha. Chacun jouerait comme il le veut et déferait le jeu des autres joueurs.

— C'est ça, reprend Oméga. Jeunes voyageurs terriens, il est important que vous compreniez bien ceci: lorsque tous les membres d'une équipe jouent leurs **rôles** et visent le même **but**, ils travaillent pour l'équipe. Lorsqu'un seul membre d'une équipe a une **intention masquée**, comme celle de se mettre en valeur, ou de prouver qu'il est le meilleur, ou de se venger de quelqu'un, les joueurs ne forment plus alors une équipe mais plutôt un rassemblement de personnes qui visent des buts différents et qui ne coopèrent pas à la réussite. Comprenez-vous bien, jeunes terriens?

— Oh oui! répondent-ils.

— Sachez, amis voyageurs, ajoute Oméga, qu'il en est de même, non seulement pour une équipe sportive, mais pour tout groupe. Prenons l'exemple d'une école:

* Une équipe est formée de tous ceux qui font partie d'une école: le directeur, les professeurs, les élèves et aussi les employés de soutien comme le concierge, les gardiens, les secrétaires et les surveillants. Lorsque toute l'équipe applique les **règlements** en vigueur dans l'école, en jouant chacun son **rôle** et en visant les mêmes **buts**, chaque élève peut poursuivre ses apprentissages et les réussir dans le plaisir et l'**harmonie.**

— Dites-moi, jeunes terriens, demande Oméga, qu'arriverait-il si un des membres de cette équipe décidait de ne pas jouer son rôle?

— À notre école, on nous a appris en quoi consistait le rôle du concierge, et je sais maintenant que s'il ne jouait pas son rôle, ce serait dangereux pour notre sécurité, affirme John.

— Si un prof décidait de ne pas enseigner, répond Nancy, on n'apprendrait pas grand-chose.

— Et quand des élèves décident de chahuter dans la classe, on n'apprend pas grand-chose non plus, constate Roberto, et c'est très désagréable.

— C'est souvent comme ça à mon école, avoue Natacha. Je me dis que l'intention de ceux qui font des conneries est que l'on n'ait pas de cours.

— Dans mon pays, ajoute Felipe, il y a beaucoup de pauvreté et l'école n'est pas obligatoire. Il n'y a pas beaucoup de jeunes qui peuvent y aller longtemps, alors ils ne font pas de chahut ni de conneries, comme vous dites. Souvent, dans une famille, seulement un des enfants peut aller à l'école, et ses parents doivent se priver des revenus de son travail pour qu'il puisse étudier. Chez nous, pouvoir s'instruire est un privilège et aussi un travail: au lieu d'aller au champ travailler comme ses frères et sœurs, le jeune qui va à l'école travaille à s'instruire. Ce jeune doit rendre des comptes à toute sa famille, car c'est elle qui se prive de ses services pour qu'il puisse s'instruire. Dans mon pays, un jeune qui ne jouerait pas bien son rôle d'étudiant retournerait vite travailler aux champs!

Se basant sur l'exemple que Felipe vient de donner, Christelle constate:

— Une famille aussi, ça peut former une équipe.

- Oh oui, c'est exact, confirme Oméga, et j'ajouterai ceci: pour qu'une famille forme également un groupe ou une équipe, il suffit que les parents et tous les enfants, du plus jeune au plus vieux, jouent chacun leur **rôle,** occupent la place qui leur revient et appliquent les **règlements** pour atteindre le même **but**, qui est de *vivre ensemble en harmonie.*

— Dites-moi, jeunes terriens, demande alors Oméga, que se passerait-il si l'un des membres d'une famille ne jouait pas son rôle ou s'il prenait la place d'un autre?

— Des problèmes, déclare Luigi. Un soir, mon oncle et mes cousins étaient en visite dans ma famille, et mon oncle a commencé à se disputer avec Gino, mon cousin. Mon oncle voulait absolument jouer avec l'auto téléguidée que j'avais prêtée à Gino, alors il a bousculé mon cousin en argumentant:

— Tu l'as eue plus longtemps que moi. C'est à mon tour. Si tu ne me la donnes pas tout de suite, la prochaine fois que je viendrai ici, je ne t'amènerai pas.

Gino était en colère et lui a répondu:

— Garde-la pour toi tout seul. Moi, je n'en veux plus.

Puis il est allé s'asseoir dans l'auto. Ma mère a dit à mon oncle:

— Voyons, Paolo, tu n'es pas raisonnable! Tu fais l'enfant, tu commences une chicane pour avoir un jouet.

— C'est vrai qu'il n'avait pas l'air d'un père de famille à ce moment-là, observe Luigi. Il avait changé de place et de rôle.

— Moi, explique Tania, dans ma famille, c'était difficile parce que mon père décidait tout et ma mère ne disait rien. Même quand mon père était injuste ou nous frappait, elle ne prenait pas notre défense. On aurait dit qu'elle avait peur de parler. Mais depuis que mes parents ont compris les éléments de la communication, c'est très différent. Ma mère prend la place qui lui revient, et tous les deux discutent ensemble et font une rétroaction quand ils ont un problème.

— J'ai vu ça souvent, moi, reprend Miguel, des parents qui ne jouent pas leur rôle. Dans mon pays, beaucoup de parents abandonnent leurs enfants, et ces jeunes, on les appelle les enfants de la rue.

— Près de chez moi, raconte Jacinthe, des enfants sont maltraités par leurs parents, et le plus vieux de la famille s'occupe de protéger les plus petits. Il joue davantage le rôle de parent que leurs vrais parents.

— Moi, ajoute Thierry, un des élèves de ma classe tombait souvent endormi, la tête appuyée sur son pupitre. Un jour, il nous a dit que c'était parce que ses parents lui faisaient prendre des médicaments forts pour qu'il s'endorme tôt le soir quand eux voulaient sortir. Comme ça, ils évitaient de payer une gardienne.

Oméga écoute tout ce que les jeunes ont à dire sur le sujet, puis il leur demande:

— Et qu'arrive-t-il lorsque des enfants ne jouent pas leur rôle dans une famille ou qu'ils prennent la place d'un autre?

— Des frustrations et de la colère, reprend vivement Mary. Quand j'avais 11 ans, le plus vieux de mes frères se prenait pour mes parents, et souvent c'est lui qui disait: «Mary, l'heure du coucher approche».

— «J'haïssais» ça! poursuit Mary. En plus, il contrôlait si j'avais fait mes devoirs et si je m'étais brossé les dents. Ma mère avait beau lui dire: «Gerry, occupe-toi de tes affaires, moi, je m'occupe de Mary». Il se tenait tranquille quelques jours, puis il recommençait. Ça me choquait!

— Chez moi, ça provoquait aussi des chicanes, explique Patricia. Mon petit frère de quatre ans aurait voulu avoir ma mère à lui tout seul. Sitôt que mon père arrivait ou que ma sœur et moi voulions parler à notre mère, il faisait toutes sortes de stupidités pour qu'elle s'occupe de lui. Il n'avait pas compris que nous aussi, on avait notre place dans la famille. Il voulait toute la place.

— Il y en a beaucoup comme lui, ajoute Luis. Ils ne tiennent pas compte des autres.

— Moi, dit Alpha, je sais, pour l'avoir vécu, que ce n'est pas juste dans les familles que ça existe. Pendant les vacances d'été, j'ai travaillé à la cueillette des fruits chez un fruiticulteur. Dès que le patron n'était pas là, un jeune faisait le p'tit «boss» et obligeait des plus jeunes à lui céder leur place parce qu'il y avait plus de fruits où ils étaient. Au travail aussi, ça devrait fonctionner comme pour les équipes sportives.

• Oh oui, affirme Oméga, et pour qu'il y ait une véritable équipe au travail, il est indispensable qu'un employeur et tous ses employés jouent chacun leur **rôle,** à leur poste, dans le respect les uns des autres et qu'ils appliquent les **règlements** pour atteindre le même **but**, c'est-à-dire la réussite de l'entreprise. C'est ainsi qu'ils peuvent avoir du plaisir à travailler ensemble, et que chacun peut en tirer une grande satisfaction.

Est-ce plus clair pour vous, ce qu'est un groupe ou une équipe véritable? demande Oméga.

— Oui, répondent plusieurs jeunes.

— J'ai compris aussi, ajoute Nova, qu'à mon école, nous ne formons pas souvent une vraie équipe.

— Dans ma famille, dit Anouk, on forme maintenant une vraie équipe et on prend les moyens pour vivre ensemble en harmonie.

— Vous aussi, jeunes missionnaires terriens, poursuit Oméga, vous formez une véritable équipe, car vous visez tous le même **but** et vous jouez votre **rôle**, qui est d'apprendre pour ensuite enseigner aux humains comment vivre en harmonie, n'est-ce pas?

— Oh oui! répondent les jeunes.

— Nous voulons tous ramener la paix sur notre planète et pouvoir vivre en harmonie, ajoute Aïcha dont le pays est en guerre.

- Sachez, jeunes terriens, reprend Oméga, qu'en plus d'avoir le même **but**, pour réussir votre mission, vous devrez bien jouer chacun votre **rôle** et avoir la même intention d'appliquer les **règlements** qui favorisent l'harmonie dans les groupes. En tant qu'émetteurs ou en tant que récepteurs, vous appliquerez les **règles** de la communication et vous utiliserez en tout temps votre **clé** de résolution de problèmes. Ainsi, malgré le fait que vous soyez tous dispersés dans différents pays sur votre planète, vous formerez toujours une équipe.

Tout à coup, une exclamation ramène l'attention des jeunes à l'écran mural.

— Oh non! crie Igor en colère. Ça ne se passera pas comme ça!

Et les jeunes voient alors Igor enlever brusquement le haut de son karatégii et le lancer par terre en hurlant:

— C'est ça que vous appelez des cours de karaté, vous «autres»? Non mais, ça ne va pas la tête! Vous êtes tous malades! Comment voulez-vous qu'on apprenne quelque chose s'il y en a toujours un qui vient faire le pitre pour nous empêcher de pratiquer? Je suis venu ici pour apprendre, moi.

Élément-Intention, légèrement en retrait, lui murmure:

— Oui, Igor, tu es ici pour apprendre, et tu apprends ce que c'est de ne pas avoir de **règlements** à un sport, à un cours ou à une activité.

Surpris, Igor s'arrête un instant, observe tous ceux qui sont dans le local, puis sur un ton un peu agressif, il dit à Élément-Intention:

— Mais voyons, Élément-Intention! à la porte du local, c'est écrit: cours de karaté. J'étais sûr que c'était un groupe qui suivait un cours, moi. Pourquoi sont-ils ici s'ils ne veulent pas apprendre le karaté?

— Troisième leçon, Igor, reprend Élément-Intention. Les jeunes que tu vois ici, dans ce local, ne forment pas un groupe, mais plutôt un rassemblement de personnes ayant **l'intention** de faire ce qu'elles ont envie de faire, au moment où elles en ont le goût, sans aucun **règlement.** Tout comme toi, ces personnes ont désiré vivre sur une planète où, enfin, il n'y aura aucun **règlement** parce que comme toi, elles croient que les règlements empêchent d'avoir du plaisir et de se sentir bien. Aucun d'entre vous ici ne fait partie d'un groupe.

— Mais... mais... mais..., rouspète Igor, pourquoi ces jeunes sont-ils venus à un cours de karaté?

— Igor, répond Élément-Intention, la seule façon de le savoir serait de les questionner sur leurs **intentions** véritables.

— C'est ce que je vais faire tout de suite, reprend Igor, sur un ton décidé.

Et s'approchant de Raguse, il lui demande:

— Pourquoi es-tu venu au cours de karaté?

— Bien voyons! répond-il, parce que j'avais envie de m'amuser.

— De t'amuser à apprendre le karaté, s'informe Igor, ou de t'amuser à autre chose?

Raguse éclate de rire.

— Apprendre le karaté, ça ne m'intéresse pas. Qu'est-ce que je ferais avec ça, moi, le karaté? Ce qui m'intéresse, c'est de faire perdre l'équilibre aux nouveaux. Regarde celui-là, il est bien concentré. J'ai juste à me placer sans bruit par derrière, à lui donner un p'tit coup sur les talons, et paf, il perd l'équilibre puis il tombe! Ça, c'est amusant.

Igor n'en revient pas. Et se dirigeant vers une adolescente, il lui demande:

— Aimes-tu ça, les cours de karaté, toi?

— Oh oui! j'aime ça, répond Zénobie. Je passe beaucoup de temps ici, moi.

— Et qu'est-ce que tu y fais? poursuit Igor.

— Moi? reprend Zénobie en éclatant de rire. Comment, tu ne t'en es pas encore aperçu? J'attends juste qu'il y ait un nouveau qui se choque, puis qui lance son karatégii comme tu l'as fait tantôt et moi, je me tords de rire. Tu aurais dû voir l'air que tu faisais quand tu as découvert qu'ici chacun fait ce qu'il a envie de faire, comme il a envie de le faire! C'était tordant de te regarder.

Et prenant à partie trois autres jeunes, Zénobie ajoute:

— En tout cas, nous, cet après-midi, on s'est bien amusés, hein?

— Oh oui! répondent les jeunes en pouffant de rire.

Igor, frustré, sort du local en claquant la porte.

— Ça ne se peut pas qu'il n'y ait pas quelque chose de plus intéressant que ça à faire sur cette planète de la Liberté sans limites, maugrée-t-il.

Soudain, Igor décide de revenir sur ses pas. Il entre dans le local et apostrophe celui qu'il croit être le professeur de karaté:

— Tu es professeur de karaté et tu es là pour nous enseigner. Pourquoi laisses-tu les choses aller comme ça dans ton cours? Ça n'a pas de sens; on ne peut rien apprendre ici!

— Professeur! Apprendre! répond Opti. Ça n'existe pas ici; je n'ai pas vu ça.

— Hein! reprend Igor, un professeur, c'est celui qui enseigne.

— Oh! Je vois, constate Opti. Tu n'es pas d'ici, toi. Tu dois venir d'un endroit où les habitants ont une profession et jouent un rôle. Être un professeur, c'est jouer un rôle, et si on veut jouer un rôle, il faut aimer fonctionner avec des règlements. Ici, il n'y a pas de règlements, donc, pas de rôles, pas de professeurs; c'est la liberté totale!

N'en pouvant plus, Igor se retire et, s'adressant à Élément-Intention, il dit:

— Il y a quelque chose que je ne comprends pas: sur cette planète, il n'y a pas de rôles parce qu'il n'y a pas de règlements. Ça veut dire qu'il n'y a pas de professeurs parce qu'un professeur a un rôle précis à jouer. Il n'y a pas non plus de métiers parce que ceux qui ont des métiers ont des rôles. Mais si quelqu'un a envie d'être un professeur, il ne peut pas être un professeur parce que pour être un professeur, ça prend des règlements. Non, non, non, moi, je ne comprends rien à cela! ajoute Igor se tenant la tête entre les mains.

De l'astronef d'Oméga, les jeunes, qui ont observé la scène à l'écran mural, disent:

— Je ne comprends pas!

— Ouf! c'est mêlant, ça. Toi, est-ce que tu comprends?

— Amis terriens, intervient Oméga, je constate que vous avez certaines difficultés à comprendre le rapport qui existe entre un **rôle** ou, si vous préférez, un métier ou une profession et les **règlements.**

— C'est vrai, admettent les jeunes, c'est difficile à comprendre.

— Bien, bien, poursuit Oméga. Voyons si quelqu'un ici peut vous démontrer cela concrètement.

À peine Oméga a-t-il formulé ce commentaire que les chiffres du poste de radio d'Élément-Syntonisation se remettent à clignoter à un rythme accéléré.

— Je suis prêt, Maître Oméga, annonce Élément-Syntonisation.

— Bien, dit Oméga. Nous vous écoutons.

— Jeunes voyageurs terriens, reprend Élément-Syntonisation, je vais vous expliquer les **règles** qui définissent les métiers et les professions en faisant une comparaison. Y en a-t-il parmi vous qui aimez jouer aux cartes ou aux dés?

— Moi, répond Paméla.

— Moi aussi, ajoute Luis.

— Moi, moi, moi, affirment également plusieurs jeunes.

— Et vous qui n'avez pas répondu, demande Élément-Syntonisation, y a-t-il un jeu de table auquel vous aimez jouer?

— Moi, c'est le scrabble, déclare Lysa.

— Moi, c'est le jeu de détective, précise Willie.

— Dans mon village, explique Raïssa, nous n'avons pas de tables, mais il y a des jeux de société. Le jeu que je préfère se joue avec des roches lisses et brillantes sur un plateau couvert de sable fin. J'aime beaucoup ce jeu.

— Bien, poursuit Élément-Syntonisation. Mais dites-moi, jeunes terriens, connaissez-vous bien les **règlements** qui définissent vos jeux préférés?

— Bien sûr, affirment les jeunes.

— Et que se passe-t-il si quelqu'un ne respecte pas les **règles** du jeu? questionne Élément-Syntonisation.

— Quand quelqu'un triche? demande Alpha.

— Oui, c'est ça, répond Élément-Syntonisation.

— Ça, c'est choquant, dit Alpha. Dans mon pays, quand cela arrive, on a le droit de l'exclure du jeu.

— Ah oui! Ça, c'est vraiment frustrant, s'exclament d'autres jeunes.

— Moi, dans ce temps-là, j'arrêtais de jouer, reprend Jacinthe.

— Moi, je leur disais ma façon de penser, comme Igor, ajoute Kevin.

— Jeunes terriens, précise Élément-Syntonisation, ce que je veux que vous compreniez bien aujourd'hui, c'est qu'il n'y aurait pas de jeu possible s'il n'y avait pas des **règles** qui définissent clairement ce qui est à faire, le nombre de joueurs qui peuvent jouer en même temps, quel est le but à atteindre, ce qu'il est permis de faire pour l'atteindre, ce qu'il n'est pas permis, le nombre de pièces à distribuer à chaque joueur.

Puis, s'adressant à Raïssa, Élément-Syntonisation ajoute:

— Dis-moi, Raïssa, dans ton village, pour jouer au jeu de pierres polies, est-ce qu'on définit ce que chacun doit faire?

— Bien sûr, répond Raïssa, tout ça, c'est expliqué aux nouveaux joueurs. Chacun sait ce qu'il a à faire pour réussir et comment ne pas risquer d'être hors jeu.

— Bien, reprend Élément-Syntonisation. Il est important que vous sachiez, jeunes terriens, qu'il en est de même pour tous les métiers et pour toutes les professions: ce qui est à faire est défini. Ceux qui pratiquent un métier ou une profession ont des **règles à suivre**, tout comme pour un jeu. Un menuisier, un enseignant, un mécanicien, un ingénieur, un vétérinaire, un fermier, un pompier savent donc ce qui est à faire ou à ne pas faire et comment le faire pour bien pratiquer leur métier ou leur profession en toute sécurité et atteindre leur but. Pour chaque métier ou profession, des **règlements** existent. Sans règlements, ce métier ou cette profession ne pourrait exister, car c'est dans les **règlements** que se trouvent les indications sur le **but** à atteindre et sur ce qui est à faire ou à ne pas faire pour l'atteindre.

En résumé, jeunes visiteurs, ajoute Élément-Syntonisation:

- les **règlements** sont faits de consignes essentielles à appliquer afin de pouvoir réaliser avec succès et en toute sécurité soit un métier, soit une profession, soit une activité, soit un jeu et afin de pouvoir **vivre en harmonie** dans un groupe;

- ces **consignes** sont adoptées comme ligne de conduite ou, si vous préférez, comme façon d'agir, car elles indiquent ce qui doit être fait pour réussir sans nuire aux autres et pour atteindre le **but** visé par l'activité;

- un **règlement**, c'est donc un modèle que l'on décide de suivre en toutes circonstances, puisqu'il donne d'excellents résultats et qu'il permet ainsi d'éviter à soi et aux autres les difficultés et les échecs.

Jeunes terriens, poursuit Élément-Syntonisation, retenez bien ceci: **un règlement n'existe que pour guider une action et favoriser sa réussite**. Observez bien ceci à vos écrans personnels.

Et une scène apparaît à l'écran de chacun des enfants.

Noémie, une jeune de 16 ans, vient d'obtenir un emploi au restaurant ABC. Lors de son entraînement, le gérant lui démontre comment procéder pour la cuisson des frites et lui indique les règles de sécurité à suivre. En terminant, il ajoute:

— Lorsque de l'huile se répand sur le plancher, il faut faire nettoyer celui-ci immédiatement, car cela pourrait être dangereux de glisser et de se blesser.

> *Dès que Noémie a terminé son entraînement, elle se dit:*
>
> *— Enfin, finis les apprentissages! Maintenant, je vais faire les choses à ma manière; comme ça, ce sera bien moins long et bien moins compliqué. Le chichi de sécurité, ce n'est pas mon fort. Je n'ai qu'à faire attention.*
>
> *Et Noémie fait cuire des frites pendant environ une heure, et sa façon d'agir semble lui réussir. À l'heure de pointe, Mona, une autre employée, vient aider Noémie. Elle doit apporter au comptoir les frites qui sont prêtes. Dès qu'elle passe derrière Noémie, elle marche dans l'huile répandue par terre, glisse et tombe.*

La scène disparaît des écrans.

— Oh! Oh! fait Nova en retenant son souffle.

— C'était un règlement de sécurité, ajoute Alpha, il n'était pas là pour lui compliquer la tâche.

— Oh! font les jeunes.

— Ce règlement n'était pas là seulement pour Noémie, mais pour la sécurité des autres aussi, affirme Anouk.

— Je n'avais jamais compris les règlements de cette façon, constate Luigi.

— Moi non plus, moi non plus, admettent plusieurs jeunes.

— Merci, Élément-Syntonisation, pour cette brillante démonstration, dit Oméga.

Puis, s'adressant aux jeunes voyageurs, il leur demande:

— L'un d'entre vous peut-il démontrer par un exemple que, sans **règlements,** il n'y a pas de métiers, il n'y a pas de professions ou il n'y a pas de jeux possibles?

65

Plusieurs jeunes lèvent la main pour répondre, et Oméga désigne alors Lysa.

— Pour le jeu de scrabble, affirme-t-elle, les règlements sont écrits à l'intérieur de la boîte. Ils précisent en quoi consiste ce jeu, le nombre de personnes qui peuvent jouer en même temps, comment utiliser le tableau, les lettres et les chevalets, comment débuter la partie, ce qu'on a le droit de faire ou non, comment compter les points pour déterminer le gagnant. Si ces règlements n'existaient pas, on pourrait quand même utiliser le matériel et jouer à notre manière, mais ça ne s'appellerait plus le scrabble. Ce serait un autre jeu. Pour qu'on puisse jouer une partie à ce nouveau jeu, il faudrait qu'on établisse des règlements qui expliqueraient comment le jouer.

— Très bien, reprend Oméga, et pour ce qui est d'un métier et d'une profession, qui peut me donner un exemple?

— Moi, répond Paméla en levant la main.

— Alors nous t'écoutons, ajoute Oméga.

— Mon père est violoniste, explique Paméla, et pour bien jouer de son instrument, il ne peut pas placer l'archet n'importe comment sur son violon. Il y a une façon de faire et, en plus, il doit respecter toutes les règles de l'art pour pouvoir faire sortir des sons harmonieux. S'il ne le faisait pas, il ne serait pas violoniste.

— Bien, dit Oméga, et voyant que Roberto a la main levée, il lui donne la parole.

— C'est la même chose pour un menuisier, mentionne Roberto. S'il ne respecte pas les règles de son art, il ne pourra pas construire des maisons solides, confortables et attrayantes. Mon frère est menuisier et lorsqu'il construit des maisons, il faut qu'il respecte la façon de faire inscrite dans le code du bâtiment. Sans cela, il ne pourrait pas obtenir de permis de construction.

66

— Je constate, ajoute Oméga, que vous avez bien compris les explications que nous vous avons données.

De la planète de la Liberté sans limites, Igor a entendu toutes les explications sur les règlements, car Élément-Syntonisation avait pris soin de syntoniser aussi sa fréquence.

— Pourtant, se dit Igor, il doit bien y avoir des jeux possibles sur cette planète sans règlements.

Et laissant Igor réfléchir à la possibilité de réaliser son rêve, Oméga adresse le message suivant à chacun des lecteurs qui est membre de l'Alliance pour la paix et qui a accompagné les jeunes voyageurs dans leurs apprentissages:

— Jeune lecteur terrien, bonjour! Il me fait grand plaisir de t'avoir parmi nous pour poursuivre tes apprentissages. Sois bienvenu à nouveau dans cet univers où tu découvriras d'autres moyens pour apprendre à vivre en harmonie et pour résoudre les problèmes de violence.

Il est possible que toi aussi, sur la planète Terre, tu éprouves certaines difficultés avec le mot **règlement.** Voilà pourquoi je t'invite à faire honnêtement et attentivement l'exercice pratique qu'a préparé pour toi Élément-Syntonisation. Surtout, ne le fais pas trop rapidement. Réfléchis bien avant de répondre. Tout comme les jeunes voyageurs, prends aussi le temps de bien te rappeler une scène réelle et assure-toi de la revoir en entier afin de bien comprendre tout ce que nous t'avons expliqué dans ce chapitre.

J'invite maintenant Élément-Syntonisation à t'adresser son message.

— Merci, Maître Oméga, dit Élément-Syntonisation qui fait apparaître à l'écran du lecteur le message que voici:

*Salut à toi, jeune lecteur terrien! Afin que, toi aussi, tu puisses continuer tes apprentissages et, par la suite, aider les jeunes voyageurs à accomplir leur mission, je te propose de faire cet exercice et de répondre honnêtement aux questions qui le suivent. Cela te permettra de mesurer la force des **préjugés** qui parfois t'amènent à te révolter contre les **règlements**. Voici l'exercice:*

- *rappelle-toi une situation qui t'est arrivée et dans laquelle, tout comme Igor, tu as souhaité pouvoir vivre dans un endroit où il n'y a pas de **règlements**;*
- *décris sur cet écran ce qui s'est passé.*

Jeune lecteur terrien, dis-moi, dans cette scène,

- *une **injustice** t'a-t-elle amené à ne plus rien vouloir savoir des règlements?*

    oui ☐   *non* ☐

- *Si oui, décris-la.*
- *Un adulte ou un gardien utilisait-il **deux poids, deux mesures** pour interpréter les règlements ou pour les faire appliquer?*

    oui ☐   *non* ☐

- *Si oui, décris de quelle façon.*
- *As-tu cru que le **règlement** ne favorisait que les adultes ou leurs chouchous?*

    oui ☐   *non* ☐

- *Que t'es-tu dit alors dans ta tête à propos des **règlements** et de ceux qui les dictent ou les font appliquer?*

Réponse: _____

Ami lecteur, rappelle-toi maintenant la première fois où, dans un groupe, soit à l'école, soit dans ta famille, soit dans un lieu public, tu ne comprenais pas à quoi pouvait servir un règlement.

- *Décris ce souvenir.*
- *À qui as-tu demandé de l'information sur le **but** de ce règlement?*

Réponse: _____

- *Qu'est-ce qu'on t'a répondu?*

  Réponse:_____

- *Cette expérience t'a-t-elle amené à avoir un* **préjugé** *sur les règlements ou sur les adultes qui décident des règlements?*

  Réponse:_____

- *Que t'es-tu dit alors dans ta tête que tu n'as pas osé ou voulu dire à voix haute?*

  Réponse:_____

- *Depuis ce temps, comment te sens-tu face à certains* **règlements***?*

  Réponse:_____

Jeune lecteur terrien, si tu as fait attentivement cet exercice et si tu as répondu honnêtement à chacune des questions, et que tu as observé les **préjugés** *que tu as contre les* **règlements***, tu peux maintenant comprendre que l'injustice, la domination et l'incompréhension face à un règlement peuvent amener les jeunes à ne plus rien vouloir savoir des règlements et même à rechercher la compagnie de ceux qui veulent vivre sans règlements.*

Maintenant que tu comprends bien l'importance qu'ont les **règlements** *et le fait qu'ils définissent comment réaliser une activité ou un jeu avec succès sans nuire aux autres membres du groupe ou comment réussir à vivre ensemble en harmonie, tu peux* partager tes nouvelles connaissances avec tes parents, avec tes frères et sœurs, avec tes professeurs, avec tes compagnons de classe et avec tes amis. Ainsi, vous serez de plus en plus nombreux à vous défaire de vos **préjugés** en comprenant qu'un **règlement** n'a pas pour but d'embêter une personne, mais plutôt de **guider** chacun des membres d'un groupe vers le succès dans le respect les uns des autres.

C'est ainsi que tu participeras activement à la mission de paix des jeunes voyageurs de l'espace. À plus tard, et bonne expérimentation!

L'écran du lecteur s'éteint puis Élément-Syntonisation disparaît.

CHAPITRE 3

LES FAUX RÈGLEMENTS: DES JEUX D'INTENTIONS

 Alors qu'Élément-Syntonisation transmet son message au lecteur, Oméga observe comment, sur la planète Terre, de nombreux humains aiment dominer les autres en utilisant, par intérêt personnel, de **faux règlements** ou en inventant, selon leurs caprices ou leurs fantaisies, des règlements à leurs goûts. Oméga constate que, par ces faux règlements, ces terriens dominateurs ont pour seul but d'assurer leur bien-être personnel et de conserver la supériorité qu'ils croient avoir sur les autres.

Ainsi, lors de son observation, Oméga voit avec tristesse:

- *une jeune dominatrice qui impose une taxe d'entrée à l'école et qui, par des menaces; oblige les jeunes qui paient à garder la chose secrète;*
- *un autre jeune oblige tous ceux qui veulent faire partie de sa gang à payer pour avoir le droit de porter des bottes comme les siennes;*
- *une autre empêche les membres de son groupe de parler aux jeunes qu'elle n'aime pas et elle les oblige, de plus, à leur faire des méchancetés;*

- *un autre oblige un nouveau membre du groupe à rompre avec sa petite amie, à défaut de quoi il ne sera pas accepté. C'est le règlement de la gang, dit-il, tous les nouveaux doivent le suivre.*

Oméga observe, de plus, un père de famille qui oblige ses enfants à le servir et à se tenir à sa disposition pour satisfaire ses caprices.

— *C'est comme ça qu'on fonctionne ici, dit le père, c'est moi l'autorité.*

Et les ordres se succèdent:

- *apporte-moi mes souliers;*
- *va me chercher une bière;*
- *change de fauteuil, c'est ma place;*
- *sors de la salle de bains, j'en ai besoin;*
- *où est mon journal? Va me le chercher;*
- *je n'ai plus de cigarettes, va m'en acheter d'autres.*

Oméga constate que cette domination fait naître de la révolte chez ceux qui subissent ces **faux** règlements ainsi qu'une horreur de tout ce qui peut s'appeler **règlement** car, pour eux, ce mot est associé aux obligations qu'on leur impose. Il observe alors avec tristesse que les dominateurs masquent leurs intentions malfaisantes par l'usage exagéré du mot règlement, et que ces abus ont amené de nombreux jeunes à décrocher, et des règlements et des adultes qui représentent à leurs yeux ceux qui les dominent.

Oméga constate que cette domination fait naître de la révolte
ainsi qu'une horreur de tout ce qui peut s'appeler règlement.

Oméga remarque également un autre phénomène: de nombreux jeunes qui ont été odieusement dominés en sont arrivés à leur tour à vouloir imposer «leurs propres lois et leurs propres règlements» et ils dominent, eux aussi, des plus faibles qu'eux en leur faisant subir, sans gêne et sans remords, leurs **jeux d'intentions**. C'est ainsi que, sous la menace, ils en obtiennent tout ce qu'ils veulent. Ces intimidations faites dans un langage violent et grossier sont très souvent accompagnées de gestes qui démontrent que la menace sera mise à exécution.

Ainsi, Oméga constate avec peine que:

Maxime, un jeune de 11 ans, s'en va à l'école frustré et très inquiet. Après une scène de violence, son père lui a crié:

— Ce qui se passe ici, ça reste ici. Si tu t'ouvres la «trappe» à l'école, tu vas voir ce que je vais faire à ton chien.

Et, joignant le geste à la parole, il donne un violent coup de pied au chien.

Maxime, bouillant de colère retenue, se dit:

— Un jour, je vais me venger.

Et il part pour l'école, inquiet de ce que peut faire son père. En entrant dans la cour de l'école, Maxime aperçoit deux jeunes de 3ᵉ année qui jouent au ballon. S'assurant que les surveillants ne le voient pas, il s'approche d'eux, leur enlève le ballon et à coups de canif, il le fendille.

— Hé! protestent les jeunes en criant.

— Ça vous apprendra, leur dit Maxime. Et fermez-la parce que vous allez voir de quoi je suis capable, ajoute-t-il en les menaçant avec son canif.

— On a rien fait, se plaint Bruno.

Pour toute réponse, Maxime déclare:

— À l'école, c'est comme dans la vie, ce sont les plus vieux et les plus forts qui décident. C'est ça le règlement. Il est temps que vous l'appreniez.

Puis il donne un violent coup de pied sur ce qu'il reste du ballon et il s'éloigne à la recherche de quelqu'un d'autre sur qui passer sa frustration.

— Moi, j'ai hâte d'être plus fort, grogne Bruno. Je vais me venger.

C'est ainsi que, même dans les écoles primaires, des jeunes dominent par la force, rendent les autres malheureux et nuisent à leurs apprentissages par toutes les émotions et les frustrations qu'ils provoquent en eux.

Puis, constatant qu'Élément-Syntonisation a fini de transmettre son message au lecteur, Oméga dit aux voyageurs:

— Jeunes terriens, je me sens triste lorsque je constate que des dominateurs utilisent de **faux** règlements pour abuser des autres. C'est ainsi qu'ils les amènent à ne plus rien vouloir savoir des **vrais** règlements.

Élément-Décodage apparaît alors au coin supérieur de l'écran mural.

— Élément-Décodage, lui demande Oméga, avez-vous un message pour nos jeunes amis?

— Oui, répond Élément-Décodage.

Et, s'adressant aux enfants, il ajoute:

— Amis terriens, sachez que lorsque des jeunes vivent dominés par des individus qui utilisent le prétexte de **règlements** qui n'en sont pas pour atteindre leurs buts, ces jeunes en arrivent à ne plus être en mesure de **décoder** le sens du mot **règlement**. Le mot règlement devient alors pour toujours associé à la domination et à la souffrance qu'ils ont subies.

Jeunes terriens, afin de bien comprendre, observez maintenant cette scène à vos écrans, continue Élément-Décodage.

Fanny est à sa première journée d'école. Dès que tous ses élèves sont arrivés en classe, Micheline, leur professeure, leur explique le fonctionnement de l'école.

— On appelle ça des règlements, leur dit-elle, après avoir démontré ce qui facilite la vie du groupe.

À peine Fanny entend-elle ce mot qu'elle se met à frissonner de peur et qu'elle fige sur sa chaise. Elle n'entend plus alors rien d'autre que cette phrase qui fait partie de ses mauvais souvenirs:

— C'est le règlement! Le règlement! Le règlement!

Et par la pensée, Fanny se revoit chez elle alors que sa mère la frappe avec une ceinture, sous prétexte de lui faire «rentrer dans la tête» que c'est elle qui commande et qui fait les règlements.

L'image disparaît de l'écran.

— Oh! font plusieurs jeunes, peinés de ce qu'ils viennent de voir.

— Pauvre Fanny, soupire Anouk, comme c'est affreux!

— Tu parles d'une façon d'agir, ajoute Paméla.

— Elle n'est pas chanceuse, Fanny, d'avoir une mère comme ça, commente Tania.

Élément-Décodage reprend:

— Amis terriens, il est essentiel pour la réussite de votre mission que vous compreniez bien qu'un très grand nombre de personnes sur votre planète ne veulent rien savoir des **règlements** simplement parce qu'elles ont beaucoup souffert à cause de **faux règlements.**

— Qu'est-ce qu'un faux règlement? demande Alpha.

— Un **faux règlement**, explique Élément-Décodage, c'est un ensemble d'empêchements ou d'obligations imposés par une personne dominatrice selon sa fantaisie ou son humeur. Les **faux règlements** ne favorisent et ne facilitent jamais la réalisation d'une activité en groupe ni la santé et la sécurité ni l'harmonie entre chacun des membres de ce groupe. Ces fausses règles bien déguisées ou cachées sous le prétexte de «c'est moi l'autorité» vont à l'encontre de l'équilibre, du bien-être et souvent de la santé d'une personne ou d'un groupe. Autrement dit, un **faux règlement**, c'est une série d'obligations et d'empêchements, d'ordres et de contrordres que donne un individu parce qu'il croit détenir des droits sur les autres. Il agit donc ainsi pour assurer son bien-être personnel, ou pour satisfaire ses caprices, ou pour montrer qu'il est supérieur aux autres. Sachez que ces obligations et ces empêchements sont injustes, car ils ne servent que l'intérêt ou le bien-être de celui qui les impose mais jamais celui de l'ensemble du groupe.

— C'est difficile à comprendre, dit Natacha.

— Oui, c'est vrai, c'est compliqué, ajoutent d'autres jeunes.

— Alors, jeunes terriens, observez bien ceci à vos écrans personnels, poursuit Élément-Décodage.

Et une scène apparaît à l'écran personnel des enfants.

La scène se passe dans une classe. C'est le début de l'année scolaire, et Bertrand est professeur de mathématiques en première secondaire. Lors de son premier cours, il informe les élèves de certains règlements qu'il impose dans sa classe.

— Ici, ce n'est pas comme à l'élémentaire, leur dit-il. Vous devez écouter. Quand je donne des explications, je les exprime clairement. De plus, je les écris au tableau, et comme ça, vous pouvez tous comprendre. Je n'accepte jamais de perdre du temps avec des questions. Tout est écrit. Je vous le répète: tout ce que vous avez besoin de comprendre est écrit soit dans vos livres, soit au tableau. Comme ça, on est sûrs de passer à travers le programme de l'année.

Et se dirigeant vers le tableau, Bertrand inscrit:

Règlement numéro un: toutes les explications sont inscrites soit dans un manuel, soit au tableau, donc je ne tolérerai aucune question.

Élise, croyant avoir mal compris, ose lever la main.

— Oui? dit sèchement Bertrand.

— Est-ce que ça veut dire que quand on ne comprend pas, on ne peut pas poser de questions? demande-t-elle.

Le professeur montre le tableau du doigt, puis frappant avec une craie sous les mots «règlement numéro un», il ajoute d'un ton qui n'admet aucune réplique:

— C'est écrit, c'est clair, tout le monde sait lire ici.

> — *Mais...*, reprend Élise.
> — *Il n'y a pas de mais qui tienne, conclut Bertrand, c'est comme ça qu'on perd du temps et ça ne fonctionne pas avec moi. C'est écrit, c'est clair pour tout le monde, c'est le règlement.*
> *Élise en reste bouche bée.*

L'écran des enfants s'éteint.

— Pouah! s'exclame Luis. Un règlement comme ça, ça ne donne pas envie d'être dans sa classe.

— Ça, c'est vrai, dit Paméla. Moi non plus, je ne voudrais pas être dans sa classe.

 — Jeunes terriens, reprend Élément-Décodage, est-ce que ce que Bertrand appelle ou nomme règlement en est vraiment un? Ce règlement favorise-t-il les apprentissages de ces élèves ainsi que l'équilibre et l'harmonie dans ce groupe? Ce règlement ne permet-il pas plutôt à ce professeur de faire le moins d'efforts possibles pour satisfaire son bien-être personnel et avoir la paix en dominant le groupe?

— En tout cas, ça n'aide pas les élèves à apprendre, répond Jacinthe. S'ils ne comprennent pas un mot, ce n'est pas parce que le prof l'écrit au tableau que les élèves vont mieux en comprendre le sens.

— C'est vrai, ajoutent plusieurs jeunes.

— Il ne doit pas aimer enseigner, ce prof, constate Miguel.

— Selon moi, ce n'est pas un bon règlement, soutient René, parce qu'il ne respecte pas les règles de la communication. Je le sais parce que nous avons tous appris à utiliser la **rétroaction** pour nous assurer d'avoir bien compris les messages qu'on nous émettait et pour vérifier ce que nous n'avons pas compris dans une communication.

Et Joao poursuit:

— Poser des questions sur ce que l'on ne comprend pas, cela fait partie du rôle du **récepteur** qui n'a pas compris ou qui n'a pas bien entendu. C'est notre clé de résolution de problèmes, affirme-t-elle en sortant sa clé.

— Très bien, reprend Élément-Décodage, et s'adressant à Natacha, il lui demande:

— Maintenant, Natacha, est-ce que tu pourrais nous donner un autre exemple de faux règlements?

— Je crois que oui, répond-elle. Si une adolescente accepte de garder des enfants et qu'elle les oblige à se coucher une heure plus tôt que prévu pour pouvoir regarder «son» émission de télévision en paix, ça lui sert uniquement à elle et c'est injuste pour les autres. Elle leur enlève des droits.

— Oh! ajoute Steve, ça me fait penser à quelque chose qui m'est arrivé quand j'avais neuf ans.

— Est-ce que tu veux nous le raconter? demande Élément-Décodage.

— *Bien sûr. Ça s'est passé au terrain de jeu. Tous les jours, le moniteur nous faisait jouer à «fais le mort». Il fallait alors s'étendre dans le gazon et ne pas bouger pendant longtemps. Lui, il nous surveillait. «J'haïssais» ça, moi, ce jeu-là.*

Un jour, je l'ai entendu raconter à un autre moniteur qu'il avait inventé ce jeu pour avoir la paix. Ça m'a choqué. Ça aussi, c'était de la domination parce que si on refusait de jouer, il disait qu'on ne pourrait pas participer aux autres activités. C'était un faux règlement.

— C'est ça, reprend Élément-Décodage. C'est un autre exemple de **faux** règlement qui masque un **jeu d'intentions**. Et maintenant, je laisse la parole à Maître Oméga.

— Jeunes terriens, demande alors Oméga, avez-vous compris que des **intentions masquées** se cachent souvent derrière des prétextes de **règlements**?

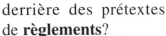

— Oh oui! répondent les jeunes.

— Bien, dit Oméga. Jeunes visiteurs, afin que vous compreniez encore mieux ce que sont les **faux règlements** mis en place par des personnes dominatrices, je vous ai préparé un exercice pratique à faire dans lequel vous aurez à vous rappeler un souvenir vécu. Voici mes instructions: surtout, ne le faites pas trop rapidement. Réfléchissez bien avant de répondre. Prenez le temps de bien vous rappeler une scène réelle et assurez-vous de la revoir en entier afin de bien comprendre ce qu'Élément-Décodage vous a expliqué.

Oméga touche un bouton, et l'exercice à faire apparaît à l'écran des enfants.

— *Rappelle-toi une situation qui t'est arrivée et dans laquelle un adulte ou un gardien a masqué ses intentions derrière le prétexte d'un règlement.*
— *Réflexion.*
— *Quelle émotion a alors monté en toi?*
OU
— *Quelle révolte a alors grondé en toi?*

*Réponse:*_____

— *Que t'es-tu dit alors dans ta tête soit à propos des règlements, soit de la personne avec qui c'est arrivé, soit au sujet des deux?*

*Réponse:*_____

Quelques minutes plus tard, Oméga, constatant que les jeunes ont tous terminé l'exercice, leur demande:

— L'un d'entre vous veut-il partager avec nous son expérience?

— Moi, moi, moi, et plusieurs mains se lèvent.

— Bien, dit Oméga, êtes-vous d'accord pour que Paméla nous raconte ce qu'elle a vécu?

— Oui, répondent les jeunes.

— Nous t'écoutons, Paméla, ajoute Oméga.

— *Quand j'étais en cinquième année, explique-t-elle, mon professeur s'est absenté pendant deux semaines et une suppléante l'a remplacé. Le premier jour, elle nous a donné un devoir à faire: écrire cinq phrases sur nos vacances de*

Noël. Il fallait que notre texte ait au moins quinze lignes. Moi, les productions écrites, j'aime cela. Alors, j'ai rédigé cinq phrases, et ça donnait une page de texte. Quand je lui ai remis mon travail, elle m'a dit d'une voix sèche:

— J'ai demandé quinze lignes. Pas plus. Tu vas me recommencer ça.

Je lui ai précisé:

— Avec Jean-Pierre, quand il dit «au moins», on peut en faire plus et même, il aime ça quand on en fait plus.

— Jean-Pierre, c'est Jean-Pierre, moi, c'est moi, m'a-t-elle répliqué bêtement. Quand ton professeur sera de retour, il pourra établir tous les règlements qu'il voudra. Moi, j'ai les miens et quand je dis «au moins», n'en faites pas plus. Et ça vaut pour toute la classe. Ceux qui en ont trop fait, vous recommencerez votre travail pendant la récréation et ceux qui n'en ont pas assez fait, vous le compléterez.

Lorsque j'ai raconté à ma mère ce qui s'était passé, elle m'a répondu:

— Ton nouveau professeur ne devait pas avoir envie de faire trop de corrections.

— J'étais très frustrée! J'ai eu ma leçon et je me suis dit: «Quand c'est un suppléant qui t'enseigne, vaut mieux te méfier de ses règlements.»

Par la suite, lorsqu'il y avait un remplaçant, je ne m'appliquais pas tellement à mes travaux. J'avais juste hâte que mon vrai professeur revienne.

Oméga laisse alors la possibilité à Paméla d'exprimer les sentiments et la frustration qui ont surgi au souvenir de cet incident, puis il poursuit:

— Jeunes voyageurs, il est important que vous compreniez bien que de nombreux jeunes sur votre planète se révoltent à cause des **intentions**

masquées des adultes qui utilisent de **faux** règlements pour les dominer ou les contrôler. Par la suite, ces jeunes se rebellent contre tous les règlements, les vrais et les faux.

— Oh! je comprends, s'exclame Christelle. C'est peut-être à cause de faux règlements qu'Igor souhaitait vivre sur une planète où il n'y en avait pas de règlements.

— Ah oui! ça se peut, ajoute Roberto. Il a dit qu'il en avait ras-le-bol des règlements.

— Mais comment fait-on pour savoir s'il s'agit d'un vrai ou d'un faux règlement? demande Luigi.

— Pour bien reconnaître un **vrai règlement**, répond Oméga, vous n'aurez qu'à vous poser les questions que voici:

1° Ce règlement a-t-il été établi et accepté afin de:
   — faciliter la réalisation d'une activité;
     ou
   — préserver ou améliorer la santé et assurer la sécurité;
     ou
   — favoriser le savoir-vivre en société;
     ou
   — vivre ensemble en harmonie?

   oui ☐   non ☐

2° Ce règlement indique-t-il clairement ce qui doit être fait, ce qui ne doit pas être fait et pourquoi?

   oui ☐   non ☐

3° Sans ce règlement, est-ce qu'il risque d'y avoir un empêchement:

- soit à la réalisation d'une activité;
- soit à la santé ou à la sécurité;
- soit au savoir-vivre en société;
- soit à vivre ensemble en harmonie?

oui ☐   non ☐

4° Ce règlement est-il juste pour tout le groupe, y compris les adultes et les jeunes, les filles et les garçons?

oui ☐   non ☐

Si vous répondez NON à l'une de ces quatre questions, c'est que ce règlement est faux ou que vous n'avez pas compris dans quel **but** il a été établi. Dans ce cas, utilisez la **rétroaction** et vérifiez ce que vous en avez compris.

Jeunes terriens, poursuit Oméga, afin que vous compreniez bien ce que je viens de vous expliquer et que vous arriviez à reconnaître les **faux** règlements, je vous invite à faire l'exercice qui apparaît à vos écrans personnels.

Dans les exemples qui suivent, déterminez s'il s'agit d'un vrai ou d'un faux **règlement.**

1° *Il faut se brosser les dents après les repas. Un bon brossage permet d'éliminer les restes d'aliments et de protéger vos dents contre la carie et contre d'autres maladies de la bouche.*

Vrai ☐   *Faux* ☐

2° *Les devoirs et les études doivent être effectués dès le retour à la maison à la fin de la journée scolaire parce que, plus tard, il peut y avoir d'intéressantes émissions de télévision, et vous ne voudrez pas les faire à ce moment-là.*

     Vrai ☐   *Faux* ☐

3° *Il est interdit de mâcher de la gomme et de manger en classe, car le bruit causé par la mastication nuit à la réception des messages, l'attention est en partie retenue par le goût des aliments et cela est dérangeant, et pour les élèves et pour le professeur.*

     Vrai ☐   *Faux* ☐

4° *Les lacets des chaussures doivent être attachés parce qu'autrement, il y a un risque de trébucher et de se blesser.*

     Vrai ☐   *Faux* ☐

5° *Les cheveux doivent être coupés assez courts pour ne pas toucher les épaules, car des cheveux longs et mal entretenus nuisent à l'image de l'école.*

     Vrai ☐   *Faux* ☐

6° *Le port de chandail à messages est interdit parce qu'il y a de l'abus par des messages vulgaires, grossiers ainsi que de l'incitation à la violence et à la discrimination.*

     Vrai ☐   *Faux* ☐

> 7° *Il faut se laver les mains après être allé aux toilettes, après avoir toussé ou après s'être mouché, car les mains sont alors porteuses de microbes qui se transmettent aux aliments et aux gens par le toucher.*
>
> Vrai ☐   Faux ☐

Dès que les jeunes ont terminé l'exercice, Oméga leur demande:

— Quels sont ceux qui ont répondu que les règlements numéros 1, 3, 4 et 7 sont de vrais règlements?

Les jeunes lèvent tous la main.

— Bien, reprend Oméga. Et quels sont ceux qui ont répondu que les règlements numéros 2, 5 et 6 sont de faux règlements?

Plusieurs jeunes lèvent la main.

— Dis-moi, Mary, demande Oméga, puisque tu n'as pas levé la main, pour quelles raisons considères-tu que le règlement numéro 2 est un vrai règlement?

— Parce que, répond Mary, moi, si je ne fais pas mes devoirs tout de suite en arrivant de l'école, après je n'ai pas envie de les faire. Ce règlement-là m'aide à ne pas mettre mes devoirs de côté.

— Bien, dit Oméga, et est-ce la même chose pour tes frères et sœurs?

— Non, avoue Mary. Eux, ils aimeraient mieux s'amuser pour oublier un peu l'école mais, moi, il est préférable que je les fasse en arrivant.

— Est-il alors nécessaire d'avoir un règlement pour l'heure des études et de nier le besoin de tes frères et sœurs parce que tu as un problème d'intentions? demande Oméga.

— Ah! je comprends, répond Mary. Bien sûr que non, je peux très bien m'organiser avec mon horaire et continuer de faire mes devoirs en arrivant de l'école. Eux, ils n'ont pas de problèmes avec leurs études.

— Jeunes terriens, ajoute Oméga, il est important pour la réussite de votre mission que vous compreniez bien qu'un **règlement** doit favoriser la réalisation des activités d'un groupe et qu'il ne doit pas servir à régler un problème **d'intention** d'un seul membre du groupe.

Puis, se tournant vers Felipe, Oméga lui demande:

— Dis-moi, Felipe, qu'est-ce qui te fait affirmer que le règlement numéro 5 est faux?

— C'est l'explication qui est fausse, répond Felipe. Des cheveux peuvent être longs et propres, et ce n'est pas l'obligation de porter les cheveux courts qui fera qu'un jeune se lavera la tête plus souvent et aura les cheveux plus propres. Selon moi, la personne qui a établi ce règlement n'aime pas les cheveux longs. Elle a un préjugé et elle veut imposer ses goûts à tout le groupe.

— C'est très bien, ajoute Oméga.

Puis, s'adressant à Angelo, il lui demande:

— En ce qui concerne le port de chandail à messages, qu'est-ce qui te fait dire que c'est un faux règlement, Angelo?

— C'est l'idée du chandail à messages: il y en a de très beaux. Pourquoi tous les interdire? Ce règlement-là est de trop parce que dans mon école, il existe un règlement concernant autant les messages verbaux que les messages écrits. Ce règlement affirme que la grossièreté, la vulgarité, la violence ne sont pas tolérées à l'école. Alors, pas besoin d'empêcher les élèves de porter des chandails à messages pour régler le problème de ceux qui ne respectent pas ce règlement. Le message vulgaire ou grossier peut se retrouver aussi dans les gestes et dans les paroles. L'école n'a qu'à faire appliquer le règlement qui existe déjà. Le règlement numéro 6 est injuste pour les élèves qui savent se conduire.

— C'est bien, dit Oméga.

Puis regardant Luigi, il l'interpelle:

— Comprends-tu, Luigi, comment reconnaître un **faux règlement**?

— Oh oui! Très bien, répond-il, et moi aussi je pense que ce sont les faux règlements qui ont amené Igor à en avoir ras-le-bol des règlements.

— C'est vrai, mentionne Nova, je n'avais pas pensé à ça. Et on ne lui a pas demandé ce qui l'avait amené à avoir envie de vivre sans règlements.

Élément-Émetteur se met à scintiller de mille feux pour signifier qu'il a un message à émettre et, de la pointe de son crayon, il trace le mot **POURQUOI**. Surpris, les jeunes le regardent.

— Élément-Émetteur, dit alors Oméga, je vous invite à venir expliquer votre message à nos jeunes voyageurs.

— Merci, Maître Oméga, répond Élément-Émetteur.

Puis, s'adressant aux jeunes, il ajoute:

— Jeunes voyageurs terriens, lorsque vous serez de retour sur la planète Terre et que vous ferez face à des gens qui ne veulent rien savoir des **règlements**, utilisez-moi.

Elément-Récepteur se met à scintiller de mille feux, puis il fait apparaître à l'écran mural une immense oreille...

— Comment? demande Tania.

— Simplement en jouant votre rôle d'émetteur, reprend Élément-Émetteur. Utilisez-moi avec mes **cinq clés**; **devenez émetteurs**:

- **syntonisez** la fréquence de ceux qui ne veulent rien savoir des règlements pour qu'ils acceptent de vous **écouter;**
- mettez toute votre **attention** à vouloir les aider en comprenant ce qu'ils ont subi à cause de faux règlements;
- démontrez-leur que votre **intention** est de les aider et de les comprendre, même si parfois c'est difficile;
- **décodez** par leur façon de faire ou de parler que ce qu'ils ont subi les affecte encore et qu'ils ont besoin d'aide;
- puis utilisez la **rétroaction** afin de les amener à vous raconter leurs mauvaises expériences en leur posant la question suivante: «Dis-moi, qu'est-ce qui t'a amené à avoir les **règlements** en horreur?»

À peine la phrase d'Élément-Émetteur est-elle terminée, qu'Élément-Récepteur se met, à son tour, à scintiller de mille feux, puis il fait apparaître à l'écran mural une immense oreille dans laquelle entre le mot **POURQUOI**.

— Ah! Élément-Récepteur a aussi un message pour nous, s'exclame Assam.

— Élément-Récepteur, dit Oméga, nous sommes prêts à recevoir votre message. À vous la parole.

— Merci, Maître Oméga, reprend Élément-Récepteur qui ajoute:

— Jeunes voyageurs terriens, aussitôt après avoir posé la question qu'Élément-Émetteur vient de vous indiquer, c'est moi que vous devrez utiliser avec mes **cinq clés**. Soyez de **bons récepteurs**:

- écoutez **attentivement** la réponse que vous donnera cette personne;
- **syntonisez** sa longueur d'onde en n'ayant aucun préjugé;
- gardez toujours présente votre **intention** de l'aider, de la comprendre et surtout ne l'interrompez pas pendant qu'elle parle;
- **décodez** bien son message en comprenant le sens de tout ce qu'elle dit ainsi que des gestes qui accompagnent ses mots et surtout n'ajoutez pas votre opinion personnelle à son message. Décodez bien comment elle s'est sentie et comment elle se sent encore;
- utilisez ensuite la **rétroaction** pour vérifier si vous avez bien compris ce que cette personne ressent et si vous avez bien entendu son message en entier. Faites-le en résumant ce qu'elle vient de vous dire.

C'est alors, précise Élément-Récepteur, que vous pourrez découvrir quels **faux règlements** l'ont fait souffrir au point qu'ils l'ont amenée à se révolter et à décoder que le mot **règlement** signifie domination.

— Par la suite, reprend Élément-Émetteur, quand vous aurez bien décodé ce qui a fait souffrir cette personne, démontrez-lui que vous savez qu'elle a souffert à cause d'individus dominateurs qui utilisaient de **faux règlements** et faites-lui bien comprendre ce qu'est un faux règlement. C'est seulement lorsque cette étape sera franchie que cette personne sera en mesure d'**écouter** et de **comprendre** ce qu'est un **vrai règlement.**

Et poursuivant, Élément-Émetteur déclare:

— Jeunes terriens, Élément-Récepteur et moi allons vous démontrer tout cela par un exemple afin que vous puissiez bien comprendre, car ce que nous venons de vous enseigner est la **règle de base** pour que vous puissiez aider ceux qui ont été dominés par de **faux règlements** et qui ont été amenés de cette façon à devenir délinquants.

— Oh formidable! s'exclament les jeunes.

— C'est tellement plus facile à comprendre avec un exemple, commente Lysa.

— Et on a besoin de bien comprendre pour réussir notre mission, ajoute Anouk.

— Alors, observez bien ceci à vos écrans personnels, indiquent Élément-Émetteur et Élément-Récepteur.

C'est la première journée d'école, et Dany, qui est en sixième année, dit à son ami:

— Moi, je suis écœuré de l'école et des règlements. Ici, c'est aussi pire que chez moi: fais-ci, fais-ça, toujours obligé de faire ce qu'on te dit, pas le droit de faire ce que t'as envie. On ne peut même pas aller aux toilettes sans permission. Hé! que je suis écœuré.

— C'est vrai, répond Pascal, c'est toujours comme ça.

Françoise, professeure de sixième année, ayant entendu les propos de Dany, décide d'intervenir:

— Tu as raison, Dany. C'est vrai que ce n'est pas drôle d'être toujours obligé de faire ce que les autres veulent qu'on fasse et de ne jamais pouvoir faire ce qu'on a envie de faire. En tout cas, c'est assez pour être écœuré.

— *Ne viens pas rire de moi ce matin, réplique vivement Dany.*

— *Je ne ris pas de toi, reprend Françoise. Moi non plus, je n'aime pas ça quand on m'empêche de faire ce que j'aime et qu'on m'oblige à faire ce que je n'aime pas. Personne ne peut être bien dans ces conditions.*

— *Eh bien! ajoute Dany. C'est toi, un prof, qui dis ça! Tu es supposée être «pour» les règlements.*

— *Mais les règlements ne sont pas toujours justes, déclare alors Françoise.*

— *Ça, je le sais! affirme Dany.*

— *Et dans ce temps-là, on risque de trouver ça frustrant et d'être écœuré, commente Françoise.*

— *Pas seulement frustrant, précise Dany, enrageant. Tiens, par exemple, hier à la maison, j'étais enragé. Mon père...*

Et Dany confie à son professeure les injustices qu'il subit à la maison, sous prétexte que c'est son père qui mène. Lorsqu'il a fini de raconter ce qui lui est arrivé la veille, Françoise lui demande:

— *As-tu l'impression qu'il est difficile de comprendre les règlements que ton père fait appliquer à la maison? Quand il est de bonne humeur, tu pourrais rester avec tes amis une heure de plus, et quand il est de mauvaise humeur, il t'oblige à entrer une heure plus tôt, n'est-ce pas?*

— *C'est toujours comme ça, et moi, ça m'écœure aux as, confirme Dany.*

— *Aimerais-tu savoir pourquoi c'est comme ça? questionne Françoise.*

— *Oh oui! répond Dany, parce que moi, je n'en peux plus.*

Et Françoise entreprend de démontrer à Dany et à son ami les faux règlements, l'injustice qui en résulte, comment les gens qui ont été dominés dans leur enfance risquent de devenir des dominateurs et comment ceux qui vivent dans l'entourage des dominateurs en arrivent, à cause de leur souffrance, à ne plus rien vouloir savoir des règlements. Puis elle les invite:

— *Venez dans la classe, je vais vous montrer, en même temps qu'aux autres élèves, comment on fait pour reconnaître un faux règlement et comment vous sentir mieux à l'école.*

Dany et son ami, souriants, accompagnent leur professeure.

Et la scène disparaît de l'écran des jeunes.

— Ainsi, déclare Oméga, en faisant comme Françoise, de nombreux humains qui ne voulaient rien savoir de vos messages auront envie de vous **écouter** et ils découvriront que leurs souffrances les avaient amenés à ne plus rien vouloir savoir des **règles de vie** pour vivre en harmonie, et ceci, simplement parce que le mot **règlement** leur rappelait leurs souffrances et toutes leurs frustrations. Comprenez-vous, jeunes voyageurs terriens, qu'un bon nombre de ceux qui n'ont pas voulu recevoir vos messages de paix et d'harmonie voudront les recevoir après que vous, vous aurez **écouté** ce qu'ils ont à dire sur les faux règlements et que vous aurez **compris** leurs souffrances?

— Oh! s'exclame Cynthia, je suis très heureuse d'apprendre cela.

— Moi, précise Enriquez, ça me donne envie de pleurer de joie juste à l'idée que, dans mon pays, il y en a peut-être beaucoup qui voudront, comme nous, apprendre à vivre en harmonie.

— Je constate que tu as bien compris mon message, Enriquez, confirme Oméga. Comprenez, jeunes visiteurs, que de nombreux terriens ne veulent pas vraiment vivre des conflits, des bagarres, de la guerre, mais que leurs souffrances les ont amenés à penser que la violence et la bagarre sont les seules façons pour eux de ne pas être victimes de dominateurs.

Puis Oméga confirme:

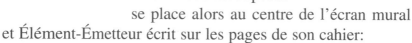

— La **règle de base** pour que votre message d'harmonie soit reçu est donc la suivante: **écoutez d'abord ce qui a fait souffrir une personne, ensuite, elle sera capable de vous écouter.**

Élément-Récepteur se place alors au centre de l'écran mural et Élément-Émetteur écrit sur les pages de son cahier:

- **Règles pour l'écoute**
  - Écoutez d'abord ce qui fait souffrir les gens.

- Comprenez-les bien, ensuite ils seront disponibles pour vous écouter.

— Jeunes voyageurs, affirme alors Oméga, ceci est valable pour tous ceux qui ont souffert de la domination, des jeux d'intentions et qui gardent, au fond de leur cœur, un désir de vivre en harmonie.

Tout à coup, venant de la planète de la Liberté sans limites, une voix désespérée se fait entendre, interrompant les explications d'Oméga.

— Oméga! Je n'en peux plus! Je veux revenir. Il n'y a rien à faire ici, entend-on Igor crier.

Au même instant, Oméga s'approche de l'écran mural, actionne une clé et répond:

— Message reçu, Igor. La procédure de retour est amorcée. Nous t'attendons.

Et sur l'écran mural, les jeunes aperçoivent au loin Igor qui revient, suivi de près par Élément-Intention. Igor rouspète:

— Sur cette planète-là, il y a presque uniquement des jeux d'intentions masquées. Dès que quelqu'un commence à faire quelque chose, les autres partent un autre jeu. Ou il faut avoir envie de se cacher et de jouer seul, ou c'est «plate», ou c'est la discorde. Il y a toujours quelqu'un qui s'amuse à défaire le jeu d'un autre.

À peine Igor a-t-il le temps de terminer sa phrase qu'il se retrouve dans l'astronef, au centre de l'écran mural, en compagnie d'Élément-Intention.

— Ouf! Je suis heureux de vous revoir, s'exclame Igor en apercevant Oméga, les Éléments de la communication ainsi que ses compagnons de voyage.

— Nous aussi, Igor, nous sommes ravis de te revoir, répondent les Éléments.

— Moi aussi, moi aussi.

Et les jeunes accueillent Igor par un flot de questions. Puis, lorsque le calme se rétablit, Oméga dit:

— Je me réjouis de ton retour, Igor. Je t'invite maintenant à raconter ton expérience à tes compagnons de voyage.

Impressionné par l'accueil chaleureux qu'il vient de recevoir, Igor s'empresse de le faire:

— Je suis très déçu de mon voyage sur cette planète. Je m'attendais à avoir beaucoup de plaisir à faire uniquement ce que j'avais envie de faire, quand j'en avais envie et comme j'en avais envie. Comme il n'existait pas de règlements, j'étais convaincu que rien ni personne ne m'empêcherait de faire tout ce dont j'avais envie. Eh bien! ce n'est pas comme ça que ça se passe quand il n'y a pas de règlements, ça je l'ai compris! N'importe qui peut défaire le jeu des autres, n'importe qui ayant l'intention de faire autre chose peut aller à l'encontre de ce qu'on a envie de faire. Comme il n'y a pas de règlements, rien ni personne n'interdit ça. Ce qui m'a le plus surpris sur cette planète-là, c'est qu'il n'existe même  pas de règlements pour la circulation des autos. Les automobiles avancent en se croisant, dans n'importe quel sens; il n'y a même pas de feux de circulation, ni de signaux d'arrêt obligatoire, ni de policiers.

Au début, j'ai trouvé ça drôle. Pas de policiers, c'est vraiment un signe de liberté sans limites. Mais ce n'est pas la liberté! Les gens font ce qu'ils veulent, comme ils le veulent, quand ils le veulent, mais malheureusement sans jamais s'occuper des autres. L'expression que j'ai entendue le plus souvent, c'est: «Tant pis pour les autres». Ça, ça m'a fait mal au cœur.

Un peu avant que j'aie envie de revenir, j'ai compris que dans mon pays, sur la planète Terre, plusieurs personnes disent ça: «C'est tant pis pour les autres», et que c'est ce que ça veut dire, la liberté sans limites. Il n'existe aucune limite en fonction du respect de la liberté d'un autre, alors le plus fort ou le plus malin l'emporte sur les autres. Comme résultat, ça donne des jeux de domination dans lesquels il y a toujours quelqu'un qui trouve le tour de s'attaquer à un moins rusé que lui, ou à un plus faible, ou à un nouveau.

Je reviens aux autos, quand un accrochage se produit, les conducteurs se contentent de crier à l'autre automobiliste: «Dégage la route; tu es sur mon chemin!» Et c'est à qui va gagner sur l'autre pour ne pas dégager la route. C'est incroyable ce qui se passe là! Je n'aurais jamais imaginé que c'était comme ça, mais j'ai fait tout un apprentissage!

Après avoir laissé Igor raconter ses expériences, Oméga dit:

— Oui, Igor, tu as fait tout un apprentissage. Tu as donc pu constater que, sur cette planète, seules les **intentions** d'une personne comptent et qu'il y a constamment des **oppositions d'intentions** parce que

chacun veut faire comme il veut, quand il le veut.

— Oh oui! Oméga, acquiesce Igor. C'est ça le problème: personne ne tient compte des intentions des autres. Ils s'en fichent.

Et Oméga interroge:

— As-tu pu constater aussi qu'aucun des habitants n'est **attentif** aux besoins que peuvent éprouver les autres, qu'aucun n'est **attentif** à ce que ressent un autre et qu'ils ne sont **attentifs** qu'à leur plaisir individuel?

— Oh oui! je l'ai remarqué, répond Igor. Et souvent quand je les questionnais, ils disaient:

- Eh bien, **moi**, **je** veux ça! Tant pis pour les autres.
- **Moi, je me** fous de lui ou d'elle!
- **Moi**, les autres, **je m'**en balance. Qu'ils se débrouillent seuls.

— Jeunes terriens, reprend Oméga, sachez que c'est à cause de leurs expressions commençant par «moi, je, me...» que nous avons l'habitude d'appeler les personnes qui ne tiennent pas compte des autres des **Je, Me, Moi**. Ces individus ne pensent qu'à eux, qu'à leur bien-être, qu'à un avantage personnel à tirer de quelqu'un ou de quelque chose. Ils sont alors des dominateurs actifs ou en devenir et, malheureusement, sur votre planète aussi, il y en a beaucoup et s'il y en a autant, c'est parce que dans la vie de tous ces gens de nombreux problèmes ont eu lieu avec les **règlements**.

— Des problèmes avec les règlements, interroge Alpha, comment ça? Je ne comprends pas.

— Moi non plus, je ne comprends pas, affirme Lysa.

— Moi non plus, ajoutent plusieurs autres enfants.

— Hum... Hum... je pense que je comprends, indique Igor, du moins en partie.

— Bien, répond Oméga, alors je vous explique cela en vous faisant voir une scène à vos écrans personnels.

— Oh! ça, j'aime ça! s'exclame Aïcha. C'est comme si on avait un film qui nous aide à bien comprendre.

Et une scène apparaît à leur écran.

Francis est un jeune de douze ans. Alors qu'il s'en revient de l'école, il est très inquiet de ce qui l'attend à la maison, car il a malheureusement oublié de sortir les sacs à ordures ce matin, avant de partir pour l'école. Il se rappelle que la dernière fois que cela lui est arrivé, son père l'a battu et lui a crié des bêtises:

— Espèce de bon à rien, de crétin, de paresseux! Tu as encore oublié de sortir les sacs. Je vais t'apprendre, moi, à ne plus oublier ce que tu as à faire.

Et, joignant le geste à la parole, son père lui a donné des coups de pied au derrière.

Plus Francis s'approche de la maison et plus il est inquiet, et il s'engage sur le trottoir qui mène chez lui en ralentissant le pas. Francis en a ras-le-bol d'être battu.

Finalement, il se décide à entrer dans la maison en se faisant tout petit et en étant très attentif à ne faire aucun bruit tellement la peur le tiraille. Soudain, il sursaute violemment en entendant son père crier:

— C'est toi, ça, le p'tit fainéant, qui attends toujours que les autres fassent les corvées à ta place et

qui te fiches pas mal des règlements de la maison. Je vais te guérir de ta paresse et plus vite que tu penses. Comme ça, je suis sûr que tu n'oublieras jamais plus qu'il y a des déchets et que c'est toi qui dois les sortir. Je vais te dompter comme mon père l'a fait avec moi.

Et empoignant Francis par le bras, son père le frappe à coups de manche à balai sur le dos puis, d'un geste violent, il le projette sur les sacs à ordures qui sont placés près de la porte arrière. Francis atterrit tête première sur les sacs qui défoncent sous son poids. Il se retrouve le nez dans la puanteur des déchets. Lorsqu'il tente de se relever, son père l'empoigne par le cou et lui place à nouveau le visage dans les déchets.

— C'est fini les oublis et tu vas les respecter les règlements, compris? lui crie-t-il en colère.

— J'ai compris, réussit péniblement à articuler Francis qui, intérieurement, se dit: «Oui, j'ai compris, mais attends! Un jour, quand je serai plus grand, c'est moi qui serai le plus fort et il n'y aura plus personne qui va venir me toucher ni me dire quoi faire.»

*Et c'est ainsi que, petit à petit, Francis est devenu un intouchable, un insensible. Il a tellement souffert d'être battu et traité de toutes sortes de noms que rien ne peut plus l'atteindre. Il est devenu indifférent même aux besoins de ceux qu'il aimait auparavant. La violence l'a fait décrocher, non seulement du monde des adultes, mais de tout le monde. Et, au fil des ans, Francis est devenu une copie de son père violent, un **Je, Me, Moi** qui se fiche des règlements et des effets que produisent ses actes violents ou ses paroles blessantes sur les autres.*

Et l'écran des jeunes voyageurs s'éteint.

— C'est épouvantable! dit Nancy.

— C'est horrible! s'exclame Angelo. Je n'aurais pas pensé que c'était comme ça que des jeunes pouvaient devenir violents.

— Maintenant, ajoute Hamid, je comprends plus pourquoi, dans mon pays, beaucoup veulent faire la guerre. C'est parce qu'on leur a trop fait la guerre à eux aussi.

Oméga laisse les jeunes exprimer leurs sentiments, puis il poursuit:

 — Jeunes terriens, sachez que la violence crée la violence et que très souvent les jeunes victimes de violence risquent à leur tour de devenir eux aussi violents. Par contre, d'autres jeunes ayant aussi beaucoup souffert de la violence ont plutôt tendance à avoir peur de faire souffrir les autres et à se retirer, à s'isoler et à continuer d'être des victimes. Rappelez-vous lorsque vous étiez en classe sur votre planète, n'y avait-il pas presque toujours un souffre-douleur, c'est-à-dire un jeune qui se faisait ridiculiser, aux dépens de qui certaines personnes s'amusaient?

— Oh oui! confirme Nova, ç'a longtemps été comme ça. Mais l'an passé, à mon école, beaucoup de choses ont changé, surtout après que notre rapport de voyage a été écrit et qu'on a pu démontrer comment utiliser les sept éléments de la communication pour résoudre nos problèmes.

— Moi, j'en ai souvent vu des jeunes se faire toujours ridiculiser et baver, affirme Luis. Mais, cette année, à mon école, on a un projet: Vivre ensemble en harmonie. Nous avons aussi fait une alliance pour la paix pour qu'il n'y ait plus de violence ni de jeunes qui souffrent de la violence.

— À mon école, indique Christelle, on n'a malheureusement pas de projets comme ça, mais par contre, dans ma
famille, dans mon quartier, on réussit maintenant à vivre en
harmonie. Nous n'accepterions pas qu'on
prenne un jeune comme souffre-douleur.

— Bravo! dit Oméga. Et maintenant,
jeunes terriens, je vous invite à observer à
vos écrans personnels une autre façon de
fabriquer de jeunes **Je, Me, Moi** indifférents, et aux règlements et aux besoins
des autres.

Et une nouvelle scène apparaît à leur
écran.

Jennie et Nicolas sont installés au salon et regar-
dent une émission de télévision.

— J'ai faim, m'man, apporte-moi des «chips»,
commande Jennie.

— À moi aussi, lui crie Nicolas.

— Voilà, voilà, s'exclame leur mère en arrivant
au salon avec un plateau. Vous «autres», vous ne
pourrez jamais dire que votre mère ne vous aime pas!
ajoute- t-elle en leur apportant ce qu'ils ont demandé.

Jennie et Nicolas, indifférents aux propos de leur
mère, n'émettent aucun commentaire d'appréciation
pour le service rendu.

Quelques minutes plus tard, Jennie s'écrie:

— J'ai soif!

— Moi aussi, j'ai soif, reprend en écho Nicolas.

Leur père arrive au salon et tend à chacun d'eux
un verre de lait.

— *Ah! pas encore du lait, lui reproche Nicolas, je veux de la limonade.*

— *Pour moi, un verre de jus, demande Jennie.*

Leur père leur répond sur un ton affectueux:

— *Ah! mes p'tits crapauds. Vous savez ce que vous voulez, vous «autres». Heureusement qu'on n'a pas plus de deux enfants dans cette maison, on ne fournirait pas. Le savez-vous au moins que vous êtes gâtés?*

— *Hum! Hum! marmonnent Jennie et Nicolas.*

— *Moi, affirme leur père, quand j'étais jeune, je vous jure que ça ne se passait pas comme ça! À douze ans, je travaillais déjà, et en plus, le soir, il fallait que je m'occupe de mes frères et sœurs parce que ma mère travaillait de nuit.*

— *Bien oui, reprend Jennie sur un ton impatient. On la connaît, ton histoire, tu passes ton temps à nous casser les oreilles avec.*

Et Nicolas d'ajouter sur un ton moqueur:

— *Si tu veux, p'pa, je peux même la terminer à ta place.*

Et imitant la voix de son père, en rigolant, il récite:

— *... et c'est pour ça que je me suis promis que quand j'aurais des enfants, eux, ils seraient bien, eux, ils seraient gâtés et, eux, ils n'auraient pas la vie dure comme je l'ai eue.*

Jennie et Nicolas, indifférents à ce que ressent leur père, se regardent et éclatent de rire. Dans leur tête, ils considèrent que tout leur est dû.

L'écran des enfants s'éteint.

— Comprenez bien, jeunes terriens, explique Oméga, que Jennie et Nicolas ainsi que tous les **Je, Me, Moi** fabriqués de cette façon ne seront pas réceptifs à ce que vous voudrez leur enseigner, car ils n'ont aucun intérêt à ce que les choses changent. Les **Je, Me, Moi** aiment que les gens cèdent à leurs caprices et ils croient que tout leur est dû, car, dans leurs familles, il n'existe aucun **règlement** sur la participation de chacun au bien-être mutuel. Il n'existe donc aucun **échange** entre eux.

— Aucun échange! Qu'est-ce que vous voulez dire par là? demande Ramirez.

— Un **échange,** dans une famille, répond Oméga, c'est la contribution personnelle de chacun des membres à ce qui doit être fait, c'est la participation de chacun aux travaux domestiques, selon son âge, sa capacité et ses talents, pour que toutes les tâches soient réparties avec justice.

Jeunes visiteurs, ajoute Oméga, afin que vous compreniez bien ce dont il s'agit, je vais vous faire voir à vos écrans personnels comment se vit la notion d'**échange** dans une famille, sur la planète AZ126.

L'écran personnel de chacun des enfants passe d'un mauve lumineux à un rose vif, au bleu royal éclatant, au jaune clair étincelant, puis une scène dans laquelle on voit une famille apparaît à l'écran.

Les jeunes terriens, surpris par tout ce qu'ils voient de différents de leur planète, interrompent la présentation par leurs commentaires:

— Oh! s'exclame Joao. Lors de notre premier voyage, je n'avais pas remarqué que les gens ressemblaient tellement à Oméga.

— Moi non plus, disent plusieurs jeunes.

— Comme les enfants ont la peau d'une drôle de couleur fluo, observe Sébastien.

— Et leurs meubles et leurs vêtements sont bizarres, ajoute John en riant.

— Jeunes terriens, reprend Oméga en arrêtant la projection, tout ce qui est nouveau peut paraître bizarre, tout ce qui est différent de vous peut aussi vous donner envie de rire. Rappelez-vous votre premier voyage quand vous vous êtes retrouvés la première fois réunis et que vous avez alors constaté que vous aviez la peau de couleurs différentes ainsi que des vêtements et des coiffures correspondant aux coutumes de vos pays.

— Oh oui! affirme Mary. Moi, je me rappelle très bien que j'avais même ri de Hamid. J'ai appris tellement de choses depuis ce temps-là. Maintenant, je n'ai pas envie de rire de quelqu'un qui a une tenue vestimentaire vraiment différente de la mienne, même si cela me surprend.

— Moi non plus, ajoute Willie, maintenant, je ne ris plus des autres. Par contre, je m'informe sur les coutumes des gens qui s'habillent d'une façon qui me paraît étrange. Comme ça, j'apprends beaucoup de choses.

— Et comme ça, renchérit Alpha, on les connaît mieux et il n'y a pas de danger qu'on ait envie de les juger ou de se moquer d'eux.

— De cette façon, on ne risque pas d'interpréter que les autres rient de nous, confirme Assam.

Une famille vivant sur la planète AZ126 est rassemblée autour d'une sphère servant d'écran d'ordinateur...

— C'est très bien, dit Oméga. Maintenant, jeunes terriens, êtes-vous prêts à regarder cette scène à vos écrans afin de bien voir comment se font les **échanges** sur la planète AZ126?

— Oh oui! répondent avec enthousiasme les enfants.

Et la scène revient à leur écran.

> *Une famille vivant sur la planète AZ126 est rassemblée autour d'une sphère servant d'écran d'ordinateur. Chacune des tâches que cette famille doit se répartir est inscrite dans des cercles affichés à l'écran.*
>
> *— Voici ce que nous avons à faire cette semaine, indique Alisma, la mère, en montrant tous les cercles.*
>
> *— Moi, annonce Dicentra, un jeune de douze ans, je vais nettoyer la salle de bains et laver la vaisselle après les repas.*
>
> *— Bien, dit Bergenia, le père. Moi, je préparerai les repas du soir et je travaillerai dans le jardin.*
>
> *— Et moi, je m'occuperai de la confection des sandwichs pour les lunchs et je passerai l'aspirateur dans le salon, affirme Linaria, une adolescente de quatorze ans.*
>
> *— Et moi, j'épousseterai les meubles dans la salle de jeux et je préparerai les déjeuners, choisit Alisma, la mère.*
>
> *— Moi, je vais faire le ménage de la cuisine et de la salle à dîner, ajoute Prunella qui a huit ans.*
>
> *— Et moi, je me charge d'entretenir la salle d'étude et de dresser la table, décide Calla, son jumeau.*
>
> *— Moi, reprend Dicentra, je vais aider Prunella pour sa tâche. Comme cela, elle pourra avoir autant*

de loisirs que nous, car cette semaine, elle a beaucoup de pratiques à faire pour le concert de la fin de semaine.

— Oh merci! s'exclame Prunella, toute contente. En échange, la semaine prochaine, c'est moi qui t'aiderai dans tes tâches. Comme ça, ce sera un juste partage.

— Moi, ajoute Lupina, le plus jeune de la famille, maintenant je suis capable de bien laver et bien essuyer la vaisselle. Cette semaine, c'est ce que je ferai, comme ça, je pourrai aider Dicentra et Prunella.

Et, c'est ainsi que cette famille continue à se répartir les tâches de façon à ce que ce soit juste pour tous les membres de la famille et que chacun puisse avoir assez de temps libre pour pratiquer ses loisirs. Lorsque toutes les tâches ont été choisies, Bergenia presse un bouton au bas de la sphère, et plusieurs autres cercles apparaissent à l'écran.

— Maintenant, faisons des propositions pour les loisirs de cette semaine, annonce-t-il alors.

Et pointant un cercle, il précise:

— Je vous propose que nous organisions un pique-nique au lac avec nos amis en fin de semaine, qu'en pensez-vous?

— Oh oui! s'exclament les plus jeunes.

— Très bien, acquiesce le reste de la famille.

— Moi, ajoute Calla, un des jumeaux, je suggère qu'un soir, on aille ensemble au bain public.

— Super! applaudissent les autres.

Et c'est ainsi que chacun des membres de la famille propose des activités intéressantes, à la plus grande satisfaction de tous.

Et l'écran des jeunes s'éteint.

— Ils ont l'air d'avoir du plaisir ensemble et de s'aimer beaucoup, constate Alpha.

— Moi, ce qui m'a surprise, indique Aïcha, c'est de voir qu'autant les tâches que les activités de la semaine étaient choisies avec plaisir. L'entretien de la maison n'a pas l'air d'être une corvée pour eux.

— Moi, dit Luis, j'ai bien aimé ça quand Dicentra a proposé d'aider sa sœur pour qu'elle puisse avoir autant de loisirs que les autres. Je comprends maintenant que, dans cette famille, il n'y en a jamais un seul qui doit tout faire. Ils aiment que tout soit réparti de façon juste.

— Ce qui m'a le plus étonné, c'est de voir que même les plus jeunes participent, ajoute Thierry.

— Jeunes terriens, explique Oméga, sachez que c'est ça, un **vrai groupe**. Chaque membre de la famille contribue au bien-être de chacun des autres dans la mesure de ses capacités. Chacun vise aussi le bien-être du groupe. Comme l'a constaté Luis, il n'y en a pas un qui se retrouve avec toutes les tâches ou avec la majorité des tâches à faire et qui doit y consacrer tout son temps libre. Il en est ainsi pour les loisirs, personne n'en est privé.

Jeunes voyageurs, ajoute Oméga, lorsque tous les habitants d'une planète décident de vivre ensemble en harmonie et lorsqu'ils prennent les moyens pour y parvenir, ils sont **attentifs** aux besoins des autres et ne sont jamais indifférents aux retombées de leurs paroles ou de leurs actions. Il ne leur vient même pas à l'idée d'abuser de la bonne volonté de quelqu'un ou de profiter de son dévouement ou de son amour comme le font si souvent les **Je, Me, Moi**, jeunes ou adultes, qui considèrent que les autres leur doivent tout et qu'eux n'ont aucun devoir ni aucune responsabilité à prendre.

Au contraire, poursuit Oméga, ceux qui décident de vivre en harmonie se sentent concernés par le bien-être des autres et par leurs difficultés ou leurs souffrances. Ils mettent en pratique ce qu'ils ont appris pour s'entraider et ce, librement et avec plaisir. Observez cette nouvelle scène à vos écrans personnels.

Et une scène qui se déroule sur la planète AZ126 apparaît à l'écran des jeunes.

Une famille est réunie autour d'une sphère lumineuse qui sert d'écran d'ordinateur. Arabis, un garçon de quatorze ans, raconte sa journée à l'école et il explique la difficulté qu'il a éprouvée en mathématiques.

— Comment as-tu réussi à résoudre ce problème? lui demande son père.

— Oh! répond Arabis, j'ai simplement dit à mon professeur que je ne comprenais pas son explication, et voici ce qui s'est passé, ajoute-t-il en appuyant sur un bouton au bas de la sphère.

Une scène apparaît alors dans cette sphère qui sert d'écran. Et toute la famille peut observer ce qui est arrivé à l'école et constater comment Arabis s'est senti et comment le professeur a réussi à l'aider. Puis, Arabis presse de nouveau le bouton au bas de la sphère, et l'image de la scène disparaît.

— *Bien, et comment te sens-tu maintenant?* questionne Liatris, sa mère.

— *Oh, très bien!* affirme-t-il.

— *J'en suis bien contente,* reprend Liatris. *À ton tour maintenant,* ajoute-t-elle en s'adressant à Bellis. *Comment s'est passée ta journée?*

— *Oh, très bien!* déclare-t-elle. *Aujourd'hui, à notre activité de plein air au parc Alyssum, nous avons eu beaucoup de plaisir. Au programme, il y avait des activités sportives et des activités d'observation de la nature. À l'heure du repas, nous étions tous réunis lorsque le moniteur a constaté qu'il nous manquait une caisse de lunchs.*

— *Qu'avez-vous fait alors?* lui demande sa mère.

La jeune Bellis, pressant un bouton au bas de la sphère, fait alors apparaître l'image de cette scène, et chacun des membres de la famille peut constater la déception de ceux qui n'avaient pas de repas, et comment a été rapidement résolu ce problème. Ils entendent alors le moniteur déclarer:

— *Ceux qui sont prêts à partager leur nourriture peuvent la déposer sur la table du centre.*

Et chacun des jeunes qui avait reçu son dîner s'empresse d'aller le placer sur la table.

— *Ainsi,* raconte Bellis, *comme vous pouvez le voir, chacun a pu manger et nous avons passé un excellent après-midi. En revenant à l'école, nous avons trouvé la caisse de lunchs oubliée dans l'entrée. Nous avons tous pu avoir une bonne collation,* ajoute-t-elle.

Puis, pressant le bouton au bas de l'écran, elle fait disparaître l'image de la sphère.

— Et toi, papa, as-tu eu une bonne journée? demande Adonis, le plus jeune, à son père.

— J'ai eu un début de matinée un peu difficile, répond Vitalis, le père. Un des appareils s'est brisé alors que je devais remplir une commande urgente. Dès qu'il a été réparé, à peine avais-je dit à mon patron que j'éprouvais de la difficulté à respecter mes échéances de travail que déjà mes compagnons et compagnes se sont proposés pour m'aider.

Et Vitalis, pressant à son tour le bouton au bas de la sphère, fait apparaître à l'écran l'image de cette scène. Ainsi, toute la famille peut voir à l'œuvre un groupe qui partage avec joie des tâches pour que le travail soit terminé à temps et pour que Vitalis ne soit plus surchargé. Vers la fin de l'avant-midi, le travail étant terminé, la famille peut constater que Vitalis et chacun des membres de son groupe ont fait en sorte que le travail des autres puisse être accompli selon les priorités. Et tout ceci dans la bonne humeur et dans le respect mutuel.

Après que toute la famille ait ainsi effectué une rétroaction sur sa journée et ait fait voir aux autres, par le moyen de la sphère, ce qui lui était arrivé de plaisant et de déplaisant, Vitalis annonce:

— Il est maintenant temps de passer aux préparatifs du repas.

Arabis dit alors:

— Moi, cette semaine, je m'occupe des légumes, je vais aller les préparer.

> — *Moi, indique Bellis, je prépare la pâte pour la confection des pâtisseries et je fais le service. J'y vais.*
> — *Moi, ajoute Vitalis, cette semaine, je m'occupe des achats de dernières minutes et de la préparation des salades.*
> — *Moi, informe Liatris, je vais aider Bellis à la cuisson du pain et des biscuits, et à la préparation des breuvages.*
> — *Moi, explique Adonis, le plus jeune, aujourd'hui, je vais aider Arabis pour apprendre comment on apprête les légumes.*
> *Et c'est ainsi que toute la famille participe à la préparation du repas familial.*

Et l'écran des jeunes voyageurs s'éteint.

— C'est curieux, commente Igor, ça n'a même pas l'air de les embêter, les jeunes, d'être obligés de participer à la préparation des repas.

— Mais ils ne sont pas obligés! Ils ont choisi eux-mêmes leurs tâches, précise Joao.

— Ce sont quand même des tâches, réplique Nova.

— Mais c'est comme ça sur leur planète, explique Nancy. Il n'y en a aucun qui est obligé d'accomplir toutes les tâches alors que les autres peuvent aller s'amuser. Ils ne seraient pas heureux si l'un d'entre eux en avait trop à effectuer. C'est leur manière de vivre en harmonie, n'est-ce pas, Oméga?

— Oui, Nancy, répond Oméga, cela fait partie de leurs **règles** pour vivre en harmonie. Il ne viendrait même pas à l'idée de ces jeunes de ne pas effectuer leurs tâches et d'en laisser la responsabilité à quelqu'un d'autre:

- parce que ce sont des règles justes pour chacun des membres de la famille;
- parce qu'ils les ont établies ensemble;
- parce que toute la famille est d'accord avec ces règles de partage juste;
- parce qu'ils ont décidé de les suivre en tout temps dans n'importe quelles circonstances.

Ainsi, dans cet équilibre de **partage juste**, l'harmonie est toujours présente et aucun des membres de cette famille ne peut en dominer un autre.

Retenez bien ceci, jeunes terriens, il ne peut exister de profiteurs sur la planète AZ126, car une telle attitude irait à l'encontre des moyens qu'ils emploient dans leurs communications et dans leurs activités pour vivre ensemble en harmonie.

— Qu'est-ce qui arriverait si quelqu'un ne pouvait pas faire sa tâche? demande Luis.

Oméga répond par une autre question:

— Et vous, jeunes terriens, que feriez-vous si, lors du retour, l'un d'entre vous ne pouvait accomplir son travail dans le vaisseau?

— Nous nous partagerions sa tâche, répondent plusieurs jeunes.

— Si c'était moi qui ne pouvais pas travailler, remarque Patricia, je pourrais proposer un échange, et le lendemain, je passerais plus de temps aux commandes du vaisseau spatial par exemple, ou à la surveillance par ordinateur, ou à toute autre activité.

— Et les autres en souffriraient-ils? questionne Oméga.

118

— Sûrement pas, reprend Patricia. Je verrais à ce que ce soit juste, et surtout, tout le groupe saurait que je n'ai pas utilisé un prétexte pour ne pas faire ma tâche. Je n'utiliserais pas une intention masquée pour en faire moins que les autres.

— Bien, bien, approuve Élément-Intention devenant tout scintillant. Tu nous dis, Patricia, que tu ne jouerais pas de **jeux d'intentions** comme de faire semblant d'être fatiguée, malade ou d'avoir quelque chose d'urgent à terminer pour faire moins de travail et pour que les autres en aient plus à accomplir, et qu'ainsi ils se sentiraient bien de te remplacer?

— C'est ça, répond Patricia, je ne jouerais certainement pas des jeux d'intentions masquées.

— Oh, j'ai compris! s'exclame Igor, c'est pour ça aussi que sur la planète AZ126 même les jeunes ont du plaisir à s'entraider ou à partager les travaux. C'est parce que des intentions masquées, pour faire croire une fausseté, ça n'existe pas sur cette planète.

— Tu as très bien compris, reprend Élément-Intention. La planète AZ126 est aussi appelée la planète de la **cohésion.** Jeunes terriens, il est essentiel pour votre mission que vous compreniez que ceux qui ont véritablement **l'intention** de vivre ensemble en harmonie n'utilisent jamais des **intentions masquées.**

— C'est le contraire de la vie sur la planète de la Liberté sans limites, ajoute Igor.

— Oh oui! répond Élément-Intention, c'est tout à fait l'opposé.

— Mais c'est curieux, remarque Nova, ils ont l'air tout à fait libre sur la planète AZ126.

— Jeunes voyageurs terriens, explique Oméga, apprenez que sur la planète AZ126, la liberté d'une personne ne va jamais à l'encontre de la liberté d'une autre. Ainsi chacun peut réaliser ses activités en toute liberté et tranquillité en étant attentif à ne jamais brimer la liberté d'un autre. Comme tout ceci se déroule dans l'honnêteté et sans aucun jeu d'**intention masquée**, ces gens se sentent respectés, compris et aimés. Ils s'accordent mutuellement beaucoup d'**attention**. Sur cette planète, personne ne manque d'**attention**: autant les parents que les enfants sont **attentifs** les uns aux autres.

— Et ainsi, ajoute Élément-Attention en rebondissant de pupitre en pupitre, personne n'a besoin de jouer des jeux pour attirer l'**attention**. Sur cette planète, ce n'est pas nécessaire, car l'**attention** est un cadeau que les gens aiment bien se donner les uns aux autres.

— Et c'est comme cela, reprend Élément-Syntonisation, que la paix et l'harmonie peuvent régner. Les gens sont sur la même **longueur d'onde** et s'il y a quelque chose qu'ils ne comprennent pas, ils utilisent immédiatement la **rétroaction** pour vérifier et clarifier ce qui ne va pas. Il ne leur viendrait pas à l'idée de s'endormir le soir en n'ayant pas réglé un problème de communication. Sur AZ126, les gens ne se referment pas comme une coquille sur leurs problèmes.

— De plus, déclare Élément-Rétroaction, si, au cours de leur journée, quelque chose avait été difficile ou laissé en suspens, ils en auraient discuté avant même le repas du soir, ensemble, installés devant la sphère. Ainsi, ils auraient pu s'entraider et régler la difficulté.

Amis terriens, avez-vous remarqué comment se déroulait la **rétroaction** sur leur journée? demande-t-il aux jeunes voyageurs.

— Oh oui! répond Enriquez. Moi, ça m'a intrigué de voir les films dans la sphère.

— Moi aussi, ajoute Cynthia, c'est comme si on pouvait voir leurs souvenirs filmés. Est-ce que ça veut dire qu'il y a des caméras partout sur leur planète?

— Non, non, reprend Élément-Intention. Sur la planète AZ126, nul n'a besoin d'épier les actions des autres. C'est volontairement et librement, lorsqu'ils font la **rétroaction**, que les habitants de cette planète permettent aux membres de leur groupe de voir leurs pensées dans la sphère. Ainsi, chacun peut bénéficier des apprentissages des autres...

— ... et bien **décoder** ce qui s'est passé sans faire de mauvaise interprétation, complète Élément-Décodage.

— Nous avons beaucoup d'arbres à planter, affirme Alpha en se rappelant qu'à leur premier voyage, Oméga leur avait dit cela. Sur notre planète, il y a beaucoup d'intentions masquées, beaucoup de gens mentent pour mieux cacher leurs intentions, et plusieurs pays sont en guerre à cause de cela.

— Oui, ajoute Élément-Intention, sur votre planète, plusieurs pays se livrent une guerre armée et de nombreux autres sont en guerre froide. Dans ces pays, il y a des **intentions** de domination entre les gens et il existe beaucoup de tension, de haine, d'antipathie, de violence apparente et cachée.

— Ces pays sont en guerre d'**intentions,** explique  Oméga. Il en est malheureusement aussi de même dans beaucoup de familles sur votre planète: les membres sont presque constamment en guerre d'**intentions**. D'ailleurs, plusieurs  familles et plusieurs groupes, sur votre planète, ne forment pas de véritables groupes, tellement ils sont désunis, tellement il existe de jeux de domination et de mensonges. On se dit «je t'aime» soit en pensant le contraire pour endormir la méfiance, soit en n'y pensant pas car sur la planète Terre, ces mots sont souvent utilisés par habitude sans réfléchir et ils ont presque complètement perdu leur sens de tendresse, d'affection et d'**attention**.

Sachez, jeunes voyageurs, précise Oméga,  que le jour où tous les humains qui, du fond de leur cœur, ne voudront plus de la domination, ne voudront plus souffrir ni faire souffrir les leurs, décideront d'un commun accord de s'allier et d'utiliser les **moyens** que nous vous enseignons, et qu'ils le feront avec honnêteté, vous verrez enfin arriver la fin des **jeux d'intentions** et rapidement, vous verrez des familles et des groupes s'unir sur des bases nouvelles de respect mutuel et d'entraide favorisant l'arrivée d'une **ère de paix** et **d'harmonie.**

Puis Oméga poursuit:

— Jeunes terriens, il est important que vous ayez bien compris que plusieurs de ceux à qui vous avez voulu enseigner comment vivre en harmonie n'ont rien voulu savoir de vos messages simplement parce qu'on les avait rendus non réceptifs en les dominant, en leur faisant subir l'injustice et la souffrance de **faux règlements.** C'est ainsi qu'on les a amenés à décrocher de tout ce que peuvent représenter les mots ordre et **règlements,** car on a souvent utilisé contre eux de fausses raisons pour cacher la véritable **intention** de ces ordres ou de ces règlements. Il en est ainsi aussi chaque fois qu'il existe «deux poids, deux mesures» dans l'application des **règlements**. C'est pourquoi, lorsque vous serez de retour sur votre planète, pour réussir votre mission:

1° Vous devrez d'abord *syntoniser* la longueur d'onde de ces personnes qui ont souffert de faux règlements ou d'injustice dans l'application des règlements.

Élément-Syntonisation apparaît alors à gauche de l'écran mural et un **S** s'inscrit au-dessus de lui.

2° Puis vous devrez être *attentifs* à leurs messages et attentifs à leurs souffrances afin de bien comprendre ce que ces personnes ont subi à ce sujet.

Élément-Attention s'installe alors à l'écran mural près d'Élément-Syntonisation et la lettre **A** apparaît au-dessus de sa tête.

3° De plus, vous devrez avoir l'*intention* de les aider et vous aurez à vérifier si elles veulent être aidées afin qu'elles arrêtent de subir la domination par de faux règlements et qu'ainsi elles se sentent mieux.

Élément-Intention prend place alors à l'écran mural à côté d'Élément-Attention et la lettre **I** se dessine au-dessus de lui.

4° N'oubliez pas que vous devrez aussi très bien *décoder* le sens de tous les mots contenus dans leurs messages afin d'être sûrs de bien les comprendre et de ne pas mal interpréter ce que ces personnes vous disent, ce qui ne ferait que les amener à se fermer davantage puisqu'elles ne se sentiraient pas comprises.

Élément-Décodage rejoint alors Élément-Intention à l'écran mural et la lettre **D** se forme au-dessus de sa tête.

5° Surtout, ne terminez pas votre intervention avant d'avoir utilisé la *rétroaction* pour vous assurer d'avoir bien entendu et bien décodé leurs messages et pour démontrer aussi à ces personnes que vous les avez bien comprises. Et c'est ainsi qu'ensuite, en se sentant comprises, elles auront envie d'écouter vos messages et d'apprendre elles aussi à vivre en harmonie.

Élément-Rétroaction se présente alors à l'écran mural à droite d'Élément-Décodage et deux lettres **R** et **a** viennent se placer, côte à côte, juste au-dessus de lui.

Élément-Émetteur et Élément-Récepteur apparaissent alors tout en haut de l'écran mural et déclarent ensemble en faisant scintiller les lettres **S A I D R a**:
— C'est ainsi qu'on **s'aidera** pour rétablir la paix, d'abord dans le cœur des hommes, ensuite sur toute la planète Terre.

— Oh! s'exclame René, émerveillé en voyant scintiller les lettres. C'est vrai ça, les lettres **S A I D R a** se lisent comme le mot **s'aidera.**

— Je n'avais pas remarqué ça, ajoute Natacha.

— Moi non plus, affirment d'autres jeunes.

— Jeunes visiteurs terriens, reprend Oméga, lorsque vous aurez bien compris l'importance de ce message d'**entraide,** vous constaterez que le fait d'utiliser les **sept**

éléments de la communication, et en particulier d'**écouter** attentivement et de bien **comprendre** ce qui affecte les gens sur la planète Terre, sera votre **moyen** pour réussir à les intéresser à **vouloir apprendre à vivre en harmonie**. En résumé, jeunes voyageurs, pour que les personnes qui souffrent aient envie d'**écouter** vos messages, il est essentiel que vous compreniez d'abord les messages qu'elles émettent soit par leurs attitudes, soit par leurs comportements, soit verbalement. Vous devez donc aller vers elles, leur accorder de l'**attention**, et **écouter,** et **comprendre** ce qui les affecte.

C'est seulement après cela qu'elles seront disposées à **vous écouter**.

Puis, laissant les jeunes approfondir ce qu'ils viennent d'apprendre, Oméga adresse le message suivant à chacun des lecteurs:

— Je te salue, ami lecteur! Il est possible que, toi aussi, sur ta planète, tu aies décroché ou que tu sois sur le point de décrocher de tout ce qui peut s'appeler **règlement** à cause de personnes dominatrices qui t'ont fait subir leurs **jeux d'intentions masquées**. C'est pourquoi, afin que tu puisses à l'avenir différencier les **vrais** règlements des **faux,** je te demande maintenant de faire l'exercice pratique qu'a préparé pour toi Élément-Intention. C'est ainsi, ami lecteur, que, par ta compréhension, tu contribueras à aider les jeunes voyageurs de l'espace à rétablir la paix et l'harmonie sur ta planète.

Surtout, ne fais pas cet exercice trop rapidement. Réfléchis bien avant de répondre. Tout comme les jeunes voyageurs, prends le temps de bien te rappeler une scène réelle et assure-toi de la revoir en entier afin de bien

Élément-Émetteur et Élément-Récepteur déclarent:
— C'est ainsi qu'on **s'aidera** pour rétablir la paix...

comprendre tout ce que nous avons expliqué dans ce chapitre. J'invite maintenant Élément-Intention à t'adresser son message.

— Merci, Maître Oméga, répond Élément-Intention. Et appuyant sur un bouton, il fait apparaître à l'écran du lecteur le message que voici:

> *Salut à toi, jeune lecteur terrien! Afin que tu réussisses à bien comprendre ce qui a été enseigné dans ce chapitre et que, par la suite, tu puisses aider les jeunes voyageurs à accomplir leur mission, je te propose maintenant de faire cet exercice et de répondre honnêtement aux questions qui le suivent. Cela te permettra de mesurer la frustration qui amène tant de jeunes à décrocher de tout ce que peut représenter le mot* **règlement.** *Voici l'exercice:*
>
> - *Rappelle-toi une situation qui t'est arrivée et dans laquelle on t'a imposé un* **faux règlement.**
> - *Décris sur cet écran ce qui s'est passé.*

Ami lecteur, dis-moi, dans cette scène,

- *le règlement imposé avait-il pour **but**:*
  - *de faciliter la réalisation d'une activité;*
    ou
  - *de préserver ou améliorer la santé;*
    ou
  - *d'assurer la sécurité;*
    ou
  - *de favoriser l'harmonie dans le groupe?*

  oui ☐   *non* ☐

- *démontre-le.*

- *Ce règlement indiquait-il clairement ce qui devait être fait, ce qui ne devait pas être fait et pourquoi?*

  *Réponse:*_____

- *Ce règlement était-il **juste** pour tout le groupe, y compris les adultes et les jeunes, les filles et les garçons?*

  oui ☐   *non* ☐

- *La personne qui imposait ce règlement avait-elle une **intention masquée** de te dominer?*

  oui ☐   *non* ☐

- *Comment peux-tu l'affirmer?*

  *Réponse:*_____

- *Comment cette personne t'a-t-elle expliqué la raison d'être de ce règlement?*

  Réponse: _____

- *Qu'as-tu retenu de son message?*

  Réponse: _____

- *Que t'es-tu dit dans ta tête que tu n'as pas osé ou voulu dire à voix haute?*

  Réponse: _____

- *Quelle émotion a alors monté en toi?*
  ou
- *Quelle révolte a alors grondé en toi?*
- *Comme suite à cet incident, lorsqu'il était question de **règlements**, que pensais-tu sans nécessairement le dire ouvertement?*

  Réponse: _____

---

*Jeune lecteur terrien, si tu as fait attentivement cet exercice et si tu as répondu honnêtement à chacune des questions, et que tu as observé comment les **faux règlements** t'ont amené à décrocher de tout ce que peut représenter le mot **règlement**, tu peux comprendre que la frustration et la souffrance reliées à la domination par de **faux règlements** amènent de nombreux jeunes à décrocher des **règlements**.*

*Maintenant que tu comprends mieux les jeux d'**intentions masquées** par de **faux règlements**, je t'invite à partager ton expérience et tes nouvelles connaissances avec tes parents, avec tes frères et sœurs, avec tes professeurs, avec tes compagnons de classe et avec tes amis. Ainsi, par ton aide, ils pourront à leur tour en arriver à comprendre comment de **faux règlements** amènent tant de jeunes à ne plus rien vouloir savoir des **règlements** et à n'avoir qu'une idée, celle de les enfreindre.*

*C'est ainsi, qu'à plusieurs, en vous écoutant mutuellement et en comprenant la raison d'être de vos difficultés par rapport aux **règlements**, vous en arriverez à être en mesure de vous **entraider** pour vivre ensemble en harmonie.*

*Ami lecteur, maintenant que tu sais comment tu peux amener tes amis à comprendre la raison d'être des **règlements** et à différencier les **vrais** des **faux**, tu peux te servir de tes nouvelles connaissances pour aider les jeunes voyageurs de l'espace à réussir leur mission. C'est ainsi qu'ensemble, on s'aidera (**SAIDRa**) à rétablir la paix sur la planète Terre.*

Bonne expérimentation et à plus tard!

L'écran du lecteur s'éteint, puis Élément-Intention disparaît.

CHAPITRE 4

L'UNIVERS DES DROGUES, DE L'ALCOOL ET DE LA DÉLINQUANCE

Alors qu'Élément-Intention transmet son message au lecteur, Oméga syntonise la fréquence de la planète Terre et observe que la souffrance reliée aux difficultés de communication avec des adultes a amené de nombreux jeunes qui voulaient fuir le cauchemar d'une vie sans affection et sans compréhension à vivre des problèmes encore plus graves.

Oméga constate avec tristesse comment ces jeunes, se sentant **isolés** ou rejetés ou dépréciés, en sont arrivés à décrocher complètement du monde des adultes. Comme ils n'arrivaient pas à **syntoniser** leur longueur d'onde pour se faire comprendre, ces jeunes ont alors décidé de se rapprocher de ceux qui leur laissaient entrevoir une vie différente. C'est ainsi qu'ils ont **syntonisé** le monde des drogues, de l'alcool et d'autres produits chimiques ainsi que celui des individus et même des gangs leur facilitant l'obtention de ces produits.

— Que de souffrance! se dit Oméga. Quand les terriens comprendront-ils l'importance de la **communication**? Quand s'aimeront-ils assez les uns les autres pour être **attentifs** à ce qui affecte leurs proches et pour accepter de s'**écouter** et de s'**entraider**?

Puis, voyant qu'Élément-Intention a fini de transmettre son message au lecteur, Oméga déclare:

— Jeunes voyageurs terriens, ma peine est grande lorsque j'observe de nombreux jeunes qui, parce qu'ils n'ont pas réussi à avoir de l'**attention,** à établir des contacts chaleureux et des **communications vraies** avec les membres de leurs familles, avec leurs professeurs ou avec d'autres adultes en arrivent à ne plus rien vouloir savoir des adultes et, par la suite, à vouloir se créer un monde parallèle, un monde différent. Malheureusement, le monde qui leur est offert est souvent celui des drogues, de l'alcool. Sachez que leur univers ne devient alors qu'un paradis artificiel, rempli de promesses et d'illusions, mais qui cache de nombreux drames. Amis voyageurs, observez ceci à vos écrans personnels.

> *Rosemarie, une adolescente de treize ans, se réveille en pleine nuit, aux prises avec un cauchemar.*
> *— Oh non! se dit-elle en apercevant des ronds de lumière un peu partout dans sa chambre, ça ne va pas recommencer.*

Et, se tenant la tête à deux mains, elle regarde, affolée, les lumières qui se dirigent à toute vitesse vers elle. Épouvantée, elle se glisse sous son lit en hurlant. Quelques instants plus tard, son frère Christophe entre dans sa chambre, allume la lumière, s'accroupit à côté du lit et, constatant dans quel état se trouve Rosemarie, il la réprimande:

— Ah non! Tu n'as pas encore «sniffé» ta cochonnerie de «mes»? Tu es en train de te rendre folle avec ça, même réveillée, tu fais des cauchemars. Si les parents te voyaient dans cet état!

— Ils ne sont jamais ici, pas de danger qu'ils s'en aperçoivent, marmonne péniblement Rosemarie en sortant de sa cachette. Je ne suis pas un sujet intéressant pour les vieux.

Et, faisant un geste pour repousser son frère, elle ajoute en se dirigeant difficilement vers sa table de nuit:

— Est-ce qu'ils s'occupent de moi, eux? Est-ce qu'ils savent que j'existe, moi? Qui est-ce qui pense à moi?

— Ce n'est pas parce que papa et maman nous laissent souvent tout seuls qu'ils ne nous aiment pas, voyons, affirme Christophe d'un ton peu convaincant. Ils nous donnent tout ce qu'on veut.

Rosemarie hausse les épaules et s'empare de la mescaline cachée dans le tiroir. Puis, malgré les protestations de son frère sur les risques qu'elle court, elle s'empresse d'en absorber une dose.

— Ça va peut-être chasser mes idées folles, dit-elle comme excuse en riant nerveusement.

L'image disparaît de l'écran et les jeunes restent un moment silencieux, pensifs.

— Ce n'est pas un cadeau, ça, commente Patricia.

— Je n'avais jamais vu ça, avoue Joao. On m'avait déjà parlé que ceux qui prenaient de la «mes» pouvaient faire des cauchemars éveillés, mais je ne pensais pas que ça pouvait être comme ça, que ça faisait si peur.

— Moi non plus, ajoutent plusieurs jeunes.

— Amis terriens, questionne Oméga, avez-vous remarqué que, sur votre planète, de nombreux jeunes souffrent de la **solitude** et qu'ils sont souvent laissés à eux-mêmes, sans adultes pour **écouter** ce qui les affecte et les aider à voir clair en

eux, à **résoudre** leurs problèmes personnels?

— Oui, répond Enriquez. Mais dans mon pays, les jeunes ne sont pas laissés seuls pour les mêmes raisons que Rosemarie et Christophe. Au contraire! La plupart du temps, les deux parents sont forcés de travailler beaucoup d'heures pour nourrir leur famille, et les enfants doivent s'organiser seuls. C'est souvent le plus vieux des enfants qui s'occupe des plus jeunes tant qu'il n'est pas, lui aussi, obligé de travailler. Il y a tellement de pauvreté!

— Dans mon pays, ajoute Nancy, il y a beaucoup moins de pauvreté, mais beaucoup de jeunes éprouvent de la difficulté à se confier à leurs parents parce que ceux-ci sont occupés ailleurs dans toutes sortes de réunions, d'activités ou de relations mondaines, comme les parents de Rosemarie. À cause de cela, les jeunes se sentent seuls. Quand on est revenus de notre voyage l'an passé, plusieurs m'en parlaient.

— Quand j'écoute les conversations des jeunes à mon école, enchaîne Paméla, presque tous se plaignent du manque d'attention ou de contact chaleureux dans leur famille, même quand leurs parents sont à la maison et, comme vous le dites, Oméga, du manque d'écoute et d'aide. En plus, il y a beaucoup de jeunes dans ma classe dont les parents sont divorcés et qui sont tiraillés entre leur père et leur mère, ou qui se sentent abandonnés, ou qu'on oblige à avoir des nouveaux «parents» qu'ils n'aiment pas. Ça les fait beaucoup souffrir, et ils se retrouvent seuls avec leurs problèmes. Ils ont peur d'en parler à leurs parents et de se faire engueuler.

Oméga écoute attentivement tout ce que les jeunes voyageurs ont à lui dire et ce qu'ils ressentent à ce sujet.

Puis il invite Élément-Attention à prendre la parole.

— Jeunes voyageurs, indique Élément-Attention, lorsque vous serez de retour sur votre planète, soyez **attentifs** à ces jeunes en détresse qui s'**isolent**, qui n'ont personne à qui se confier et qui reçoivent très peu ou pas d'**attention** ni d'affection de la part des adultes. Aidez-les en **syntonisant** leur fréquence et invitez-les à se confier à vous afin qu'ils ne soient plus seuls.

— Il y en a plusieurs jeunes comme ça qui se retirent et que rien ne semble intéresser, raconte Kevin. Ils participent aux activités seulement lorsque c'est obligatoire, mais on voit bien que ça ne leur plaît pas.

— À mon école, précise Natacha, presque à chaque période de dîner, j'en vois qui ne parlent à personne, qui se retrouvent seuls comme s'ils n'arrivaient pas à se faire d'amis.

— Alors, amis terriens, reprend Élément-Attention, allez vers eux, car ils sont sur la voie du décrochage[2]. Agissez avant que de jeunes drogués ou vendeurs de drogue les incitent à essayer leurs produits et qu'ils les attirent dans un monde de violence, de domination sournoise et d'habitudes très difficiles à changer.

Comme plusieurs d'entre vous l'avez exprimé, poursuit Élément-Attention, ces jeunes en détresse qui s'**isolent** ne s'intéressent plus à rien, ni aux activités ni aux gens. Ils se sentent rejetés et eux-mêmes rejettent les autres. C'est alors que leurs souffrances et leurs nombreuses frustrations risquent de les faire décrocher de l'école aussi. Comprenez bien que tout peut faire partie de leur rejet: les profs, la direction, les spécialistes, les surveillants, les cours, les autres jeunes qui ne se sentent pas isolés comme eux. Et lorsque le climat familial dans lequel ils vivent est à la violence ou à l'incompréhension, les parents et les adultes en général font également partie de ce rejet, de cette forme de décrochage. Ces jeunes se sentent tellement malheureux qu'ils ne différencient plus ce qui est bon pour eux et ce qui ne l'est pas ou ce qui est bien pour eux et ce qui ne l'est pas; ce qui compte pour eux, c'est de sortir du cauchemar qu'est leur vie sans affection, sans compréhension. Tout ce qui concerne les adultes, l'école et les jeunes qui ont le goût d'apprendre est alors mis dans le même sac appelé «j'en ai ras-le-bol, ou je

2. MICHALSKI, S., PARADIS, L. *Le décrochage.* Montréal: Éditions Logiques. 1993.

ne veux plus rien savoir de..., ou ça m'écœure aux as».

Élément-Attention continue:

— Lorsqu'un jeune souffre à ce point de la **solitude**, même s'il n'a pas encore quitté physiquement l'école, sachez qu'il risque d'être très attiré par toute proposition d'expérimenter un produit chimique qui le fera sortir de ce cauchemar que représentent sa réalité, sa famille, un cours ou l'école en général. C'est alors qu'il acceptera avec enthousiasme une proposition de faire l'école buissonnière ou encore de fuguer, une invitation à essayer un peu de «mes», un peu de «pot», un peu de «hash», un peu de «coke».

C'est ainsi que de jeunes maraudeurs à l'affût de nouvelles proies «sollicitent» ces jeunes isolés. Retenez bien ceci, amis terriens, les vendeurs de drogue et leurs associés sont très à l'**écoute** du jeune en détresse. Ils savent **écouter** ses histoires; ils savent très bien comprendre son langage, qu'il soit verbal ou qu'il soit comportemental. Et, petit à petit, à force de persuasion, le jeune, découragé, incompris des adultes, risque d'être accroché à la drogue. Ces maraudeurs ont compris que celui qui manque d'affection, qui souffre, qui s'ennuie à l'école devient une proie facile. Aussi guettent-ils les signes extérieurs de décrochage, tels que l'ennui, la solitude, les manifestations d'impatience et d'agressivité reliées aux difficultés d'apprentissage, les insatisfactions démontrées par les livres bruyamment fermés ou brusquement lancés sur le pupitre ou dans le sac à dos, les symptômes d'échec, d'humiliation, de découragement, les manifestations de colère ou de rejet, les rouspétances.

Dites-moi, voyageurs terriens, poursuit Élément-Attention, connaissez-vous des jeunes qui ont été entraînés à prendre de la drogue?

Plusieurs jeunes font «oui» d'un signe de tête, puis Mary raconte:

— Il y a deux ans, une de mes copines a commencé à prendre de la drogue lorsqu'elle s'est fait de nouveaux amis. Elle voulait me convaincre de la suivre dans leur groupe et elle aurait bien voulu que moi aussi j'en prenne. J'ai tout de suite refusé. Elle m'a même dit que si elle n'en prenait pas, ses nouveaux amis la rejetteraient. Ce groupe-là ne faisait que des conneries, et le pire, c'est que ces jeunes-là vendaient de la drogue à l'école.

— Moi, ajoute Angelo, je connais des groupes comme ça. Ils essaient d'embarquer d'autres jeunes avec eux et ils rejettent tous ceux qui ne veulent pas essayer la drogue.

— Moi aussi, j'en connais, mentionne Patricia, et quand «eux» rejettent un jeune, ils s'organisent ensuite pour lui faire perdre tous ses amis aussi longtemps qu'il va à la même école. Ils vont jusqu'à inventer toutes sortes de mensonges à son sujet pour qu'il se retrouve tout seul. C'est grave tout ce qu'ils font pour que les jeunes se droguent et pour les forcer à acheter leur saleté.

Reprenant la parole, Élément-Attention explique:

— Amis terriens, lors de votre retour sur la planète Terre, vous devrez aller vers les jeunes qui souffrent, qui sont **isolés** et qui semblent ne plus s'intéresser à l'école. Ne les laissez plus dans l'**isolement**, en détresse, car ceux qui tirent un profit de la vente de ces produits nuisibles sont à l'affût pour recruter une nouvelle clientèle et, eux, savent comment s'y prendre pour amener ces jeunes à glisser dans l'habitude des drogues. C'est pourquoi il est essentiel que vous sachiez aider les jeunes en détresse.

Sur ces mots, Élément-Émetteur et Élément-Récepteur apparaissent à l'écran mural.

— Vous avez des messages pour nos amis? leur demande Oméga.

— Oui, Maître Oméga, répondent-ils.

— Alors nous vous écoutons, dit Oméga.

Élément-Émetteur prend alors la parole:

— Amis terriens, lorsque vous voyez un jeune qui a l'air triste, qui a tendance à s'**isoler**, qui n'a plus d'entrain pour participer aux activités qui lui sont proposées, ou qui ne s'intéresse plus à ses cours, vous devez m'utiliser avec mes **cinq clés**: allez vers lui et demandez-lui ce qui ne va pas.

Surtout, précise Élément-Émetteur, n'attendez pas qu'il vienne vers vous:

• *S:* tendez-lui la main, **syntonisez** sa fréquence pour qu'il accepte de vous écouter, établissez un contact en douceur en vous informant de ce qui ne va pas.

• *A:* accordez-lui de l'**attention** et soyez **attentifs** à ne pas le brusquer

ni le juger, car un jeune qui souffre est très sensible et risque de se refermer comme une coquille s'il sent que vous le jugez ou que vous voulez lui adresser des reproches.

- *I:* gardez inébranlable votre **intention** de l'aider même s'il vous répond brusquement lorsque vous vous approchez de lui ou s'il vous envoie promener ou s'il fait semblant de ne pas vous entendre, car un jeune qui s'est isolé a tellement souffert qu'il ne peut croire que quelqu'un vienne vers lui uniquement pour l'aider.

- *D:* **décodez,** par sa façon d'être ou de dire, qu'il a besoin d'aide, car c'est la souffrance et le sentiment d'être dépassé par ses problèmes qui l'amènent à s'isoler et à ne plus rien vouloir savoir des autres.

- *Ra:* au cours de ce contact, vérifiez s'il a bien compris que vous voulez l'aider et que vous pouvez, par votre qualité de communication, faire en sorte qu'il trouve en vous quelqu'un de fiable et de discret à qui il peut se confier pour sortir de son isolement. Utilisez la **rétroaction** en faisant un résumé de ce qu'il vous a dit afin qu'il puisse rectifier les faits si vous l'avez mal compris.

— De plus, enchaîne Élément-Récepteur, pour apaiser sa souffrance, vous devrez m'utiliser avec mes **cinq clés** lorsqu'il vous parlera de ses difficultés. Prenez le soin d'**écouter** très attentivement ce jeune et **comprenez** ce qui l'affecte, c'est-à-dire ce qu'il ressent, sa peine, sa frustration, son impuissance, son bouleversement, sa colère, sa révolte même, son isolement, comment il souffre de ne pouvoir entrer facilement en **communication.**

• *S:* soyez patients pour qu'il accepte d'établir un contact

avec vous car, amis terriens, vous devez comprendre que lorsqu'un jeune s'isole avec sa souffrance, il a besoin, avant qu'il accepte d'établir un contact, d'être sûr que vous ne le rejetterez pas vous aussi. **Syntonisez** bien sa longueur d'onde. Surtout, ne le jugez pas, ne lui faites pas de reproches, ne le rabaissez pas, car il couperait définitivement le contact avec vous.

• *A:* soyez **attentifs** à ses propos et ne les modifiez pas avec votre idée personnelle sur le sujet, car ce jeune a grand besoin d'une **oreille attentive** à ce qui l'affecte, lui. Sachez que si ce jeune avait pu bénéficier d'une **écoute** et d'une **compréhen-sion** véritables par rapport à ce qui l'affecte, il n'aurait pas senti le besoin de s'isoler. Il aurait eu au moins un confident pour rece-

voir ses plus secrètes pensées. Jeunes terriens, sur votre planète, *le manque d'écoute est la plaie du siè-cle*, et sans **écoute véritable**, l'isolement guette les jeunes.

- *I:* démontrez clairement à ce jeune que votre **intention** est de l'aider, d'être à son écoute, de comprendre ce qui l'affecte et non pas de profiter de ce qu'il vous dit pour vous mettre à raconter vos propres problèmes ni d'entendre ses confidences pour aller ensuite les rapporter et parler dans son dos. Une telle attitude va à l'encontre de **l'entraide**. Ce jeune a déjà assez souffert de cette forme de trahison, aussi il pourra, au début, avoir envie de vous envoyer promener, mais surtout ne prenez pas ses attaques verbales de manière personnelle. Soyez le récepteur, soyez celui qui sait que, dans certaines conditions difficiles, c'est vrai qu'on peut se sentir seul et souffrir.

- *D:* **décodez** bien ses messages, surtout ne les interprétez pas en fonction de ce que l'on vous a déjà dit ou des rumeurs qui circulent au sujet de ce jeune. Assurez-vous de bien entendre et de bien comprendre tous les mots qu'il vous dit.

- *Ra:* démontrez-lui que vous le comprenez et assurez-vous qu'il se sente compris, car c'est par la compréhension de ce qui l'affecte que sa souffrance s'apaisera. Par la suite, démontrez-lui que vous avez des moyens pour l'aider en utilisant la **rétroaction** en résolution de problèmes. Lorsqu'il se sentira mieux, proposez-lui de lui enseigner ce que vous avez appris lors de vos voyages de façon à ce que lui aussi puisse apprendre à **prévenir** et à **résoudre** ses problèmes personnels.

— Jeunes terriens, ajoutent ensemble Élément-Émetteur et Élément-Récepteur, ceci est la **clé** de l'entraide.

Et sur ces mots, les lettres **SAIDRa** se mettent à scintiller.

— Merci pour vos explications, leur dit Oméga. Le fait de démontrer ainsi le fonctionnement de vos **cinq clés** apporte sûrement une meilleure compréhension de **l'entraide** à nos amis voyageurs, n'est-ce pas?

— Oh oui! répondent les jeunes.

— C'est beaucoup plus clair maintenant, affirme Anouk.

— Bien, reprend Oméga. Mais, pour que **l'entraide** soit mieux comprise, nous allons vous présenter l'exemple qu'Élément-Attention a préparé pour vous.

— Amis terriens, intervient alors Élément-Attention, observez bien cette scène à vos écrans personnels.

> *Simon est seul dans un coin, adossé au mur de l'école. Vincent, un élève de deuxième secondaire, va vers lui.*

— *Ça ne va pas? lui demande-t-il.*

Pour toute réponse, il reçoit un:

— *Ne viens pas me faire ch...*

— *Ce n'est pas ce que je veux, explique Vincent, mais je suppose qu'il y a quelqu'un qui t'a fait ch... tantôt pour que tu me répondes comme ça.*

— *Même si c'était vrai, ça ne te regarde pas. Dégage, réplique vivement Simon sur un ton dur.*

— *Bon, tu as raison, concède Vincent, je dégage, mais pas avant de comprendre ce qui t'a mis dans cet état. Tu sais, moi aussi, ça m'est déjà arrivé de me retrouver tout seul avec mes problèmes, sans personne pour me comprendre. Dans ce temps-là, je te dis qu'on se sent mal, c'est comme si on était juste des «rejets» pour tous les autres...*

— *... et que tout le monde se fiche de ce qui nous arrive, complète Simon.*

— *Oui, c'est comme ça, reprend Vincent. Et ça, ça fait mal, hein?*

— *Surtout quand c'est ton père qui te traite comme un «rejet», enchaîne Simon d'une voix étranglée par la tristesse.*

— *Oh oui! affirme Vincent, tu as raison. C'est bien pire quand c'est ton père. Veux-tu me raconter ce qui s'est passé avec ton père? Je suis sûr que ça va te faire du bien de pouvoir en parler à quelqu'un qui peut te comprendre.*

Et Simon se décide à raconter ce qui lui est arrivé et qui l'affecte à ce point.

L'écran des jeunes s'éteint et Élément-Attention ajoute:

— Jeunes voyageurs terriens, vous avez pu constater que Vincent a su s'approcher de Simon. Il a su **syntoniser** sa longueur d'onde et ainsi franchir, et la distance physique et la distance émotionnelle qui **isolaient** Simon. Il a su être **attentif** à sa souffrance et démontrer son intention de ne pas le laisser dans l'isolement. Il a tellement bien **décodé** les mots et l'attitude de Simon que, dès qu'il lui a démontré qu'il le comprenait, Simon s'est mis à raconter son problème. Comprenez-vous, amis terriens, comment Vincent a réussi à ne pas accorder trop d'importance au fait que Simon voulait qu'il dégage?

— C'est parce qu'il a réussi à être plus **attentif** à la peine de Simon qu'à ses paroles bêtes, répond Lysa.

— Oh oui! poursuit Jacinthe, c'est ça. Et moi, j'ai aimé la façon d'agir de Vincent quand Simon l'a envoyé promener. Il lui a vraiment démontré qu'il avait l'**intention** de l'aider.

— Moi, commente Luis, j'ai tout de suite senti que Vincent comprenait pourquoi Simon lui disait de dégager. Il a **syntonisé** sa longueur d'onde, il a compris qu'il souffrait et il ne s'est pas senti attaqué.

— Je trouve que Vincent a bien **décodé** les paroles de Simon quand il a dit: «Surtout quand c'est ton père qui te traite comme un rejet». Vincent a tout de suite décodé le sens du mot «surtout» dans cette phrase-là, remarque Raïssa.

— Et, ajoute Kevin, il a su utiliser la **rétroaction** pour démontrer à Simon qu'il comprenait que lorsqu'un parent nous rejette, c'est bien pire. Tout de suite après, Simon a commencé à se confier. J'ai bien aimé comprendre comment

Vincent a utilisé nos amis Éléments pour amener Simon à lui
faire confiance et à lui raconter ce qui le faisait souffrir...

Vincent a utilisé nos amis Éléments pour amener Simon à lui faire confiance et à lui raconter ce qui le faisait souffrir.

— Jeunes terriens, reprend Oméga, je vois que vous avez bien saisi le message d'Élément-Attention. Par cet exemple, il a su vous démontrer comment utiliser la **clé** pour **aider** un jeune en détresse.

— Oui, affirme Alpha. Pour moi, c'est toujours plus facile de comprendre quand un exemple suit les explications.

— Pour moi aussi, déclarent de nombreux jeunes.

Et voici que les sept Éléments de la communication apparaissent, tout lumineux, à l'écran mural. Tout à coup, cinq d'entre eux se transforment pour former le symbole d'entraide **SAIDRa**. Les belles lettres flamboyantes sont alors supportées par Élément-Émetteur et Élément-Récepteur qui déclarent:

— C'est ainsi qu'ensemble, on s'**aidera** en faisant en sorte que les jeunes ne soient plus laissés à eux-mêmes dans l'**isolement** et dans la souffrance et c'est ainsi qu'on pourra même prévenir qu'ils en arrivent à syntoniser le monde de la violence et de la délinquance relié à la drogue et à l'alcool.

En terminant leur message, Élément-Émetteur et Élément-Récepteur chantonnent en chœur la formule:

— SAIDRa! SAIDRa! Ainsi s'aideront les jeunes terriens de retour sur leur planète.

— Merci pour votre brillante démonstration, leur dit Oméga. Et s'adressant aux jeunes voyageurs, il ajoute:

— Afin que vous compreniez encore davantage l'impor-

tance de vous montrer **attentifs** à la souffrance et à l'isolement des jeunes de façon à ce qu'ils ne soient pas tentés de se réfugier dans le monde des drogues et de la violence qui s'y rattache, je vous ai préparé un exercice à faire dans lequel vous aurez à vous

rappeler un souvenir vécu. Voici mes instructions: surtout, ne le faites pas trop rapidement. Réfléchissez bien avant de répondre. Prenez le temps de bien vous rappeler une scène réelle et assurez-vous de la revoir en entier afin de bien comprendre ce qu'Élément-Attention vous a expliqué.

Oméga touche un bouton, et l'exercice à faire apparaît à l'écran des enfants.

> — *Rappelle-toi une situation qui t'est arrivée et dans laquelle des jeunes t'ont proposé:*
> * *soit de sécher un cours,*
> * *soit de t'enfuir de chez toi,*
> * *soit de consommer de la boisson ou des drogues,*
> * *soit d'enfreindre un règlement municipal,*
> * *soit de commettre un vol à l'étalage,*
> * *soit de faire du vandalisme ou tout autre acte allant à l'encontre d'une loi et que cela t'a occasionné un problème.*
> — *Réflexion.*

> — *As-tu alors eu quelqu'un à qui confier ton problème?*
>
> *oui* ☐   *non* ☐
>
> — *Comment as-tu réussi à régler ce problème?*
>
> *Réponse:_____*

Une dizaine de minutes plus tard, Oméga constate que les jeunes ont tous terminé l'exercice et il leur demande:

— Qui d'entre vous est prêt à raconter son expérience?

— Moi, répond Cynthia.

— Bien, dit Oméga, nous t'écoutons.

Cynthia raconte alors:

— *Quand j'étais en première secondaire, je trouvais ça difficile d'être dans une polyvalente: c'était très grand, il y avait beaucoup de monde et, surtout, je n'avais pas d'amis. Souvent, je me retrouvais seule, comme s'il n'y avait personne qui aimait être en ma compagnie ou travailler en équipe avec moi. J'ai su ce que c'était que de se sentir comme un «rejet» et d'être isolée. Un jour, au dîner, j'ai décidé de m'asseoir avec un groupe parce qu'Olivier m'avait parlé quelquefois quand j'étais seule. Il m'avait dit qu'avec sa gang, j'aurais du plaisir et que, surtout, je ne serais jamais seule.*

Comme je me préparais à m'installer, je me suis fait apostropher bêtement par Caroline:

— *Tu viens espionner pour qui?*

Je n'ai même pas eu le temps de répondre, Olivier a pris ma défense en disant:

— *Laisse-la tranquille, Caro. Peut-être qu'elle a juste envie de faire partie de notre gang.*

Puis il s'est tassé pour me faire une place. Tout au long du dîner, ils ont fait toutes sortes de conneries, et j'ai bien ri. Après, on s'est tous retrouvés dehors près du petit bois et Olivier m'a dit, en me prenant par la taille:

— C'est là qu'on va voir si tu veux vraiment faire partie de la gang, Cynthia, si tu es «in» ou non.

Il a alors sorti des capsules, les a ouvertes, puis il a distribué une pincée de poudre blanche, et chacun payait deux dollars pour en avoir. Caroline m'observait et se moquait de moi:

— Regardez-la, elle a peur. Je le sais, c'est une vendue! Elle n'en prendra pas, elle n'est pas «in».

— La ferme, Caro, lui a crié Olivier, puis il a ajouté:

— Essaie ça, Cynthia, tu vas voir comme on se sent bien après.

J'ai demandé:

— C'est de la drogue?

Tout le groupe a pouffé de rire. J'ai voulu me sauver en courant, mais Olivier et Caroline m'ont rattrapée. Caroline a alors sorti un couteau et m'a avertie:

— Si quelqu'un apprend ça, on va savoir que c'est toi qui nous as dénoncés. Alors là, guette-toi bien.

Puis elle a donné des coups de couteau dans l'air. J'étais affolée et je n'osais pas parler de cette mauvaise expérience à personne. Si j'en avais parlé à ma mère, elle ne m'aurait pas crue et m'aurait chicanée. Les semaines suivantes, je retrouvais souvent mes choses brisées ainsi que des dessins de tête de mort sur la porte de mon casier. Chaque fois que Caroline me rencontrait, elle me menaçait. J'avais très peur et je n'arrivais plus à me concentrer en classe. Puis un jour, un de mes profs m'a demandé ce qui n'allait pas et pourquoi mes notes étaient beaucoup plus basses que celles de l'année précédente. Alors je me suis décidée à tout lui raconter, et *c'est lui qui m'a aidée. Après, je me suis sentie très soula-gée. Caroline, Olivier et deux autres élèves qui vendaient aussi de la drogue ont été mis à la porte de l'école. Tout cela est arrivé quelques mois avant que nous partions pour notre premier voyage en mission.*

Oméga laisse à Cynthia la possibilité d'exprimer les sentiments et les émotions qui ont surgi au souvenir de cette scène puis, constatant que les jeunes en ont long à dire sur le sujet, il les invite à en discuter.

— Quand j'étais en sixième année à l'école Le Bouleau blanc, raconte Sébastien, quelques élèves vendaient de la drogue et ils essayaient souvent de nous en faire prendre.

— Moi, ajoute Miguel, à l'école où j'allais avant la guerre, j'ai entendu plusieurs jeunes traiter d'idiots, de «rejets» et de toutes sortes d'autres noms ceux qui refusaient de prendre de la drogue. En plus de cela, ils les ridiculisaient devant leur groupe. C'est à croire que les professeurs ne s'apercevaient même pas de ce qui se passait. En tout cas, ils ne faisaient rien pour empêcher cela. De toute façon, de la drogue, ils n'en parlaient jamais.

— À la polyvalente où je vais, continue Jacinthe, plusieurs en prennent et arrivent «gelés» en classe. Mais je ne savais pas qu'on pouvait faire quelque chose pour empêcher ça.

— Moi non plus, enchaîne Lysa, et de toute façon, ça me fait peur, moi, les drogues. J'aime mieux m'en tenir loin.

— Moi, confie Willie, j'en connais des jeunes qui en prennent et qui ont toujours besoin d'argent pour s'en acheter. Certains se mettent même à voler pour trouver l'argent qu'il leur faut pour se droguer tous les jours.

— C'est comme à l'école secondaire que je fréquente, observe René. Une gang a organisé un système pour avoir assez d'argent pour s'acheter sa drogue: ils nous menacent de briser les choses qu'on aime et qui ont de la valeur si on ne leur donne pas de l'argent chaque semaine. Au début, quand Élément-Syntonisation nous a fait voir un jeune qui déchirait avec un couteau le manteau de cuir d'un autre, tout de suite, j'ai pensé que c'était une scène filmée à mon école parce que c'est comme ça que ça se passait. Ceux qui refusaient de donner un dollar se faisaient déchirer des vêtements ou briser des choses, puis tout ça se faisait en cachette. On était plusieurs à avoir peur.

— À l'école où je vais, raconte Natacha, ça se passe souvent comme ça aussi et c'est bien caché. Deux de mes professeurs le savent. Je suis allée les voir parce que j'avais peur. C'est bizarre, on dirait qu'eux «autres» aussi, les adultes, ont peur de ça. Quand je leur en ai parlé, ils m'ont répondu que c'était à moi de régler mes problèmes personnels. J'aurais bien aimé avoir un prof comme celui de Cynthia.

— Jeunes voyageurs, dit Oméga, vous devez comprendre que les terriens ont très souvent tendance à tolérer la violence, non seulement par peur, mais aussi parce qu'ils ne savent pas quoi faire pour l'arrêter ou simplement parce qu'ils l'approuvent et en tirent profit. Il leur arrive même souvent de trouver drôle les crises d'un jeune de trois, quatre ou cinq ans qui donne des coups de pied, qui mord, qui tire les cheveux pour obtenir ce qu'il veut. Plusieurs adultes considèrent alors que cet enfant a du caractère et qu'il ne se laisse pas manger la laine sur le dos. Ils ne se rendent pas compte qu'en riant ainsi, ils approuvent son comportement et qu'ils l'encouragent même à être violent.

Oméga poursuit:

— Plus tard, lorsque cet enfant ira à l'école, il continuera à utiliser les coups de poing, les coups de pied, à tirer les cheveux aussi longtemps que la violence sera **tolérée** dans l'école, c'est-à-dire que ce jeune ne changera pas son comportement à moins que tous les intervenants n'appliquent uniformément et en toutes circonstances les **règlements** d'école interdisant de telles attitudes. Sachez ceci, jeunes terriens: tant que la violence sera tolérée, ce jeune continuera de **dominer** et ce, aussi longtemps qu'on lui laissera la possibilité de **dominer.** C'est ainsi qu'au fil du temps, tout au long de ses années d'école, il imposera ses lois et ses **faux règlements** aux autres.

Oméga explique:

— Par leur laisser-faire, par leur approbation muette ou par leur rire les encourageant, les adultes auront fait de ce jeune un **Je, Me, Moi** indifférent à la souffrance des autres et prêt à utiliser la force pour obtenir tout ce qu'il veut. *Tant que, sur la planète Terre, il n'y aura pas une volonté commune de créer une alliance pour la paix et de dire **NON** à toute forme de violence,* des jeux de domination existeront dans les écoles et c'est ainsi que de jeunes profiteurs ou de jeunes dominateurs continueront d'imposer leur volonté en employant la force ou la menace pour arriver à leurs fins. Ils ne cesseront pas de faire peur aux autres et même de leur soutirer de l'argent pour s'approvisionner en drogues ou en tout autre produit. Sur votre planète, il y a un grave problème dans l'application des **règlements.**

Oméga précise:

— Jeunes voyageurs terriens, il est essentiel pour la réussite de votre mission que vous compreniez bien

- que les **règlements** existent pour être **appliqués** de la même façon par l'ensemble du personnel d'une école puisqu'ils sont là pour favoriser la réalisation des activités de chacun sans que personne ne puisse nuire aux autres membres du groupe;

- que c'est lorsque les **règlements** sont **appliqués,** à la suite du désir commun et de la volonté de tous les membres d'un groupe de vivre ensemble en harmonie, que l'on peut dire qu'il existe dans ce groupe une **alliance** pour la paix et pour dire *NON* à toute forme de violence;

- que c'est lorsque, dans un groupe ou dans une école, tout un chacun décide ou non d'appliquer les **règlements** selon son humeur, son caractère ou son intérêt personnel que l'on peut constater que la violence et la domination sont tolérées. N'importe qui peut alors nuire à la réalisation des activités des autres ou à leur bien-être.

Amis voyageurs, poursuit Oméga, comprenez bien que, pour qu'un **règlement** existe vraiment et qu'il ne soit pas seulement écrit sur papier, il est essentiel qu'il soit **appliqué** car, jeunes terriens, tant **qu'un règlement n'est pas appliqué, c'est qu'il n'y a pas vraiment de règlements**. C'est très important que vous compreniez ceci: il n'y a alors qu'une phrase écrite quelque part dans un document, à votre agenda ou sur une affiche dans votre classe. C'est tout. Et si ce n'est pas **appliqué uniformément**, c'est qu'il n'y a pas non plus de **règlements**. Il s'agit plutôt du souhait ou de la volonté de quelques-uns que les activités se déroulent dans l'harmonie, mais cela n'a rien à voir avec la ferme **intention** de tout un groupe qui a compris la raison d'être d'un **règlement** et qui forme une **alliance** pour que les activités se déroulent sans difficultés pour chacun de ses membres, sans danger pour leur sécurité et sans violence.

Et Oméga ajoute:

— Le je-m'en-foutisme de plusieurs personnes face aux **règlements** favorise le laisser-aller, la tolérance des paroles ou des actions violentes ainsi que les jeux d'**intentions** qui se jouent à l'encontre des **règles** établies que ces personnes interprètent selon leur humeur, leurs préférences ou leurs intérêts personnels. Autrement dit, si ces personnes se sentent bien, elles font des passe-droits et si elles ne vont pas  bien, elles appliquent abusivement ces dits règlements et ceci, en étant très sévères. Donc, ces personnes n'ont pas de **ligne de conduite droite ni l'intention** de faire ce qui doit être fait en **tout temps**.

Jeunes voyageurs, questionne Oméga, avez-vous pu constater comment la vie est différente sur la planète AZ126 où les **règlements** sont **appliqués** en tout **temps** et en toute **circonstance?**

— Oui, répond Assam, c'est très différent. Eux, ils vivent en harmonie. Les habitants de cette planète ont l'air tellement bien ensemble que ça ne paraît même pas qu'ils suivent des règlements, et ils semblent libres.

— C'est vrai, affirme Nova. Ils n'ont pas l'air de trouver que le règlement les empêche de faire ce qu'ils veulent. J'ai remarqué aussi qu'ils se respectent tous, autant les jeunes que les adultes. Ça paraît qu'ils aiment vivre ensemble, partager leurs activités et discuter de leurs expériences.

— C'est ça, précise Igor, et ça paraît qu'ils étaient tous d'accord pour vivre comme cela parce qu'ils n'ont pas l'air de se forcer. On dirait que c'est naturel pour eux de se respecter, de s'entraider et de communiquer comme ils le font. Je pense qu'il ne leur viendrait même pas à l'idée d'agir autrement. Et ils ont du plaisir, on le voit bien qu'ils s'amusent.

— Vous avez constaté, leur dit Oméga, que les attitudes et les comportements des habitants de la planète AZ126 ne vont pas à l'encontre des **règles** pour vivre en harmonie. Cela veut donc dire que lors de votre retour sur la planète Terre, c'est aussi dans le plaisir que chacun de vous acceptera de respecter les **vrais** règlements puisqu'ils facilitent la réalisation des activités et qu'ils favorisent l'harmonie au sein du groupe.

Maintenant, jeunes terriens, poursuit Oméga, observez bien ce qui se passe sur votre planète lorsque des adultes, responsables de groupes, rient de la violence ou démontrent par leurs attitudes qu'ils n'en reconnaissent pas la gravité des conséquences.

Une scène apparaît alors à l'écran de chacun des enfants.

Myriam est en première année à l'école primaire. À la fin de la récréation, la cloche sonne et Myriam continue à courir avec le ballon et à s'amuser. Une professeure s'approche d'elle et lui dit:

> *— Myriam va prendre ton rang avec les autres, la récréation est terminée. As-tu entendu? La cloche a sonné tantôt.*
>
> *Et Myriam répond:*
>
> *— Dans le c..., ta cloche. Moi, je m'amuse.*
>
> *— Tsst... tsst... ce n'est pas bien de parler comme ça, reprend l'enseignante en ayant de la difficulté à retenir un sourire.*
>
> *Puis, se forçant pour prendre un air sévère, elle tire Myriam par le bras, lui enlève le ballon et la conduit avec les jeunes de sa classe. Remettant ensuite le ballon au professeur de première année, elle lui dit en riant:*
>
> *— Je te dis que Myriam a tout un caractère! Elle n'a pas peur de dire ce qu'elle pense. Tu ne sais pas ce qu'elle a eu le culot de me répondre!*
>
> *Et en riant, elle raconte l'histoire.*

Puis, l'image disparaît des écrans des enfants, et Oméga affirme:

— Jeunes terriens, cette situation est loin d'être drôle, et lorsque des éducateurs en rient, c'est qu'ils sont portés à tolérer et à encourager la violence. Il suffirait que les enfants qui se trouvaient près du professeur aient compris ce qui vient de se passer pour que le message sous-entendu par le rire soit clairement reçu. Par son rire, ce professeur vient donc de donner un **double message.**

— Un double message, demande Alpha, qu'est-ce que c'est?

— Un **double message**, reprend Oméga, cela consiste à affirmer quelque chose et ensuite à donner, par son attitude, un deuxième message qui contredit ou qui diminue ce qui a été dit.

• Lorsque le professeur a le fou rire en reprenant Myriam et qu'elle raconte, par la suite, ce qui s'est passé en riant, ceux qui la voient rire reçoivent un **double message**:

1° celui du prof qui joue son rôle d'éducateur en ramenant Myriam à l'ordre;

2° celui du prof qui démontre, par son rire, qu'elle approuve le langage vulgaire ainsi que l'attitude délinquante de Myriam.

• Lorsqu'un parent demande à ses enfants d'être polis et respectueux, qu'il leur explique qu'il y a de la méchanceté dans les dépréciations, les sarcasmes, les injures et que, lui-même, par la suite, utilise les injures et les sarcasmes pour obtenir ce qu'il veut, les enfants qui entendent cela reçoivent un **double message**:

1° celui du parent éducateur qui leur enseigne les règles du savoir-vivre;

2° celui du parent qui démontre, par son attitude, que ce qu'il leur a enseigné précédemment n'est pas plus important que ça puisque lui-même ne l'applique pas.

• Lorsqu'un jeune arrive tout souriant auprès d'une personne et affirme qu'il est content de la voir et que, dès qu'elle lui tourne le dos, il fait des grimaces ou il lève vulgairement le doigt en signe de mépris, il donne un **double message** à ceux qui le voient agir:

> 1° celui du jeune qui est heureux d'établir un contact;

> 2° celui du jeune qui démontre, par son attitude, le contraire de ce qu'il a dit.

Comprends-tu maintenant, Alpha? lui demande Oméga.

— Je comprends très bien, répond Alpha. Ça veut dire qu'une personne peut, par son comportement, affirmer le contraire de ce qu'elle venait de dire. Et agir comme cela, c'est donner un double message.

— C'est bien ça, reprend Oméga. Amis terriens, comprenez bien que de nombreux jeunes sur la planète Terre sont à l'affût de certains signes démontrant que l'adulte n'est pas entièrement en accord avec un **règlement** qu'il doit faire **appliquer,** et ces jeunes sauront très tôt utiliser à leur avantage ces **doubles messages**. Lorsque, sur votre planète, un terrien trouve drôle un acte de violence ou de délinquance qui vient d'être commis et lorsqu'il le raconte en riant, c'est qu'à l'intérieur de lui, il tolère la violence et la délinquance.

Il est essentiel pour la réussite de votre mission, poursuit Oméga, que vous compreniez bien que lorsqu'un adulte, dans une école, rit de la vulgarité ou d'un comportement violent, lorsqu'il laisse passer les **manquements aux règlements** sans intervenir pour y mettre fin, il incite plusieurs jeunes qui le voient faire à utiliser la vulgarité ou la violence pour parvenir à leurs fins et pour être exemptés de certains **règlements.**

Et même si, dans cette école, d'immenses pancartes portent l'inscription: «Violence, tolérance zéro», tant que les adultes à l'intérieur de l'école approuveront par leurs rires, par leur laisser-faire ou de toute autre façon les manifestations de violence verbale ou de violence physique, le mot d'ordre: «Violence, tolérance zéro» **ne sera pas un règlement**  parce que, du fond de leur cœur, ces gens ne sont pas prêts à refuser la violence. Par leur attitude, ils démontrent alors que leur **intention** d'appliquer le règlement est très faible. Jeunes voyageurs, afin que vous compreniez bien ce que je viens de vous expliquer, observez cette scène à vos écrans.

La scène se passe dans une école primaire. Une bagarre a éclaté entre deux élèves lors de la récréation: l'un saigne du nez alors que l'autre a un gros bleu sur une jambe et a les vêtements déchirés. Pendant qu'un professeur tient à distance les deux bagarreurs et qu'il tente de les calmer, deux autres professeurs discutent dans le corridor, et l'un d'entre eux dit:

— En ce qui me concerne, le jeune Boris aurait pu «en manger une» plus forte. Si j'avais été de garde, je ne les aurais pas séparés tout de suite. J'ai assez de difficulté avec lui dans ma classe. Il me semble que ça ne lui aurait pas fait de tort de recevoir une bonne raclée.

> *Quelques jeunes, qui prennent du matériel dans leurs cases, ne perdent pas un mot de cette conversation et une flamme brille alors dans leurs regards, indiquant une intention de tenir compte de ce message.*

La scène disparaît des écrans et Oméga ajoute:

— Jeunes terriens, sachez que tant que les humains nourrissent en eux des désirs de vengeance, des désirs de violence, leur **intention** profonde va à l'encontre de l'objectif «violence, tolérance zéro». Ils sont alors portés au laisser-

faire, à la mollesse, à la **non-application des règlements** chaque fois que cela leur convient, ce qui annule le **règlement** écrit dans les agendas et dans les classes: «Aucune violence n'est tolérée dans cette école». Le **règlement** est inexistant dans le cœur de ces personnes et, par le fait même, inexistant à l'intérieur de l'école.

Jeunes terriens, observez maintenant cette autre scène à vos écrans personnels.

> *La scène se passe dans une classe de première secondaire au début de l'hiver. Un règlement d'école précise que pour favoriser la sécurité et le maintien*

*de la propreté dans les locaux, les élèves et le person-
nel doivent enlever leurs bottes et porter des chaussures. Toutefois, un élève, Dany, arrive en classe
depuis deux jours en portant de façon provocatrice ses
bottes DOC qui indiquent très bien de quelle gang il
fait partie. Les enseignants n'osent intervenir.
Cependant, dès qu'un autre élève porte des bottes
ordinaires, il est rappelé à l'ordre et doit se conformer
au règlement sous le regard moqueur et plein de sous-
entendus de Dany. Après quelques jours, le message
est compris: «domine par la peur et tu seras exempté
des règlements».*

L'image disparaît des écrans et Oméga ajoute:

— Amis terriens, retenez bien ceci: celui qui tolère la
violence l'encourage. Les élèves comprennent vite le double
message qu'il y a dans l'injustice du «deux poids, deux
mesures» et certains d'entre eux sauront un jour s'en servir.
Ainsi, pour exercer des pressions plus fortes, ils se réuniront
en gangs.

— Oh! s'exclame Aïcha, une scène comme celle-là, ce
n'est pas la première fois que je vois ça. Mais, moi, j'appelais
ça des passe-droits et des injustices quand un prof avait peur
de faire appliquer les règlements et qu'il laissait faire les
«durs».

— Ceux qui font partie des gangs savent que certains
profs ont peur d'eux et ils en profitent souvent plus que dans
l'exemple qu'on vient de voir, ajoute John. À mon école, ils
font ouvertement des menaces aux profs qui veulent les
empêcher de nuire aux autres. Je les ai entendus, moi. Il y en
a même qui ne se gênent pas pour frapper un prof, faire du
vandalisme, abîmer leurs autos ou briser leurs effets personnels.

164

— C'est aussi ce que j'ai pu constater, affirme Oméga. Amis voyageurs, plusieurs jeunes sur votre planète font partie de bandes qui commettent des vols, qui font du vandalisme, qui utilisent la violence, qui tentent de dominer d'autres gangs, mais qui dominent surtout d'autres jeunes qui, à leurs yeux, n'ont pas la force de se défendre.

Vous devez savoir qu'avant qu'ils ne fassent partie de ces bandes de jeunes malfaisants ou de ces gangs, une intervention aurait pu être faite pour empêcher que cela se produise, car, à ce moment-là, la majorité de ces jeunes ne ressemblaient en rien à ceux qui les ont amenés à s'associer à eux. Souvent, les seuls points en commun qu'ils avaient avec eux étaient leur désintérêt complet pour toutes les activités proposées ainsi que leur révolte contre leurs parents, contre des enseignants et contre l'école en général. Ces jeunes avaient donc décroché du monde des adultes.

Dès qu'Oméga a terminé sa phrase, Élément-Attention apparaît tout scintillant à l'écran mural.

Oméga lui dit alors:

— Élément-Attention, je vous invite à expliquer à nos amis voyageurs ce qui amène tant de jeunes à décrocher ainsi du monde des adultes. À vous la parole.

— Merci, Maître Oméga, répond Élément-Attention. Puis, se tournant vers les voyageurs, il leur explique:

— Amis terriens, comprenez bien qu'il y a beaucoup de jeunes qui décrochent du monde des adultes

- soit parce que ceux-ci les ont fait souffrir physiquement et/ou moralement, ce qui a brisé toute possibilité de syntonisation;
- soit parce qu'ils n'ont reçu de leur part:
  - aucune **attention** pour ce qu'ils ressentaient;
  - aucune **attention** pour ce qui les intéressait, eux;
  - aucune **attention** pour ce qu'ils aimaient ou n'aimaient pas;
  - aucune **attention** pour ce qui les faisait rire ou pleurer;
  - aucune **attention** pour ce qui les mettait en colère.

Ces jeunes se sont alors isolés. Et pendant cette période où ils étaient désemparés et seuls, des adolescents faisant partie de gangs ont réussi à attirer leur **attention** en leur manifestant de l'intérêt, de l'appréciation, de la sympathie ou en leur proposant de se joindre à eux. Ces adolescents leur ont ainsi donné l'**attention** dont ils avaient tant besoin. Ainsi, ils ont réussi à créer, chez ces jeunes isolés dans leurs familles, dans leurs écoles, une attraction de plus en plus forte pour les faire entrer dans leur gang et leur faire accepter leurs idées. La loi de la gang ou de la bande de jeunes malfaisants est par la suite devenue leur loi.

Jeunes terriens, ajoute Élément-Attention, plusieurs de ces jeunes ne décrochent pas volontairement du monde des adultes: c'est plutôt le **manque d'attention** des adultes qui les pousse à décrocher. Afin de vous aider à mieux comprendre, observez bien cette scène à vos écrans personnels.

> *Nancy raccroche le téléphone en pleurant. Son père, qui s'en aperçoit, l'apostrophe vivement:*
> *— Tiens, regarde-moi la grande pleurnicheuse! Je suppose que tu vas encore venir te plaindre de quelqu'un?*

La scène disparaît des écrans et Élément-Attention poursuit son explication:

— Amis terriens, lorsqu'un adulte refuse d'être **attentif** à la souffrance d'un jeune et qu'en plus, il l'abreuve d'injures ou qu'il se moque de lui, il brise toute possibilité de **syntonisation** cntrc cux ct accroît la distance qui les sépare. Ainsi, lorsqu'un jeune serre les poings en protestant:

- «J'haïs» ça quand on m'appelle comme ça!
- Ça me frustre quand on me critique comme ça!
- J'en ai ras-le-bol qu'on me parle comme ça!
- Quand on est toujours sur mon dos, j'ai juste envie de me retrouver ailleurs!

c'est qu'il fait alors face à une forme de décrochage nommée la distance émotionnelle. Le jeune qui s'exprime ainsi se retrouve à une très grande distance de son interlocuteur: il se retrouve à la distance que son émotion ou sa révolte installent entre son interlocuteur et lui. Qui d'entre vous n'a pas expérimenté, un jour ou l'autre, cette révolte instantanée face à une insulte, à une dépréciation ou à une allusion blessante?

— Selon moi, on l'a tous déjà vécue, répond Luigi.

Lorsqu'un adulte se moque d'un jeune, il brise toute possibilité de syntonisation entre eux.

— Moi, ce n'est pas avec mon père, mais avec ma mère et avec un prof d'éducation physique que c'est arrivé. Les deux me critiquaient souvent. Ils me disaient que j'étais une «pas d'allure» ou une «gauche» parce que je ne suis pas sportive, ajoute Tania.

— En tout cas, c'est vrai que ça donne envie d'être loin de ces personnes, enchaîne Steve. Moi, quand on m'appelait «les oreilles» ou «le gros», j'avais juste envie de m'isoler et je m'en allais.

Après avoir laissé les jeunes s'exprimer sur le sujet, Élément-Attention donne des explications sur le moyen d'éviter que les jeunes, sur le point de décrocher du monde des adultes, n'aient envie de se joindre à des gangs:

— Amis terriens, sachez que pour prévenir leur décrochage complet du monde des adultes, ces jeunes en détresse auraient pu recevoir de l'**attention**, être **écoutés**, être entendus et être compris. Ainsi, ils n'auraient pas eu envie de s'associer à des gangs ou à des bandes destructrices. Parce qu'on n'a pas su voir à temps leurs malaises et les aider, ces jeunes sèment la pagaille et nuisent aux autres. C'est pourquoi, lorsque vous retournerez sur votre planète, il sera important que vous informiez les humains qu'en étant **attentifs** aux jeunes qui souffrent, aux jeunes sur le point de décrocher du monde des adultes, ils pourront faire en sorte que ces jeunes n'aient même pas envie de s'associer à des gangs ou à des bandes destructrices ni de partager leur façon de voir et d'agir.

Voyageurs terriens, ajoute Élément-Attention, il est essentiel, pour la réussite de votre mission, que vous compreniez que lorsque les humains sauront être **attentifs** les uns aux autres, les jeunes **Je, Me, Moi** ne réussiront plus à charmer d'autres jeunes ni à les inciter à devenir des destructeurs. Au fond de leur cœur, plusieurs de ces jeunes qui se laissent attirer par des bandes de malfaisants ne recherchaient, au point de départ, qu'à recevoir de l'**attention**, de l'appréciation et de l'amour de quelqu'un, qu'à avoir le sentiment d'appartenir à un groupe dans cette société qui les a peu ou mal aimés. Je laisse maintenant la parole à Maître Oméga.

— Jeunes voyageurs, reprend Oméga, il est important que vous compreniez que les enfants terriens ne naissent pas violents même s'ils ont hérité d'une certaine ressemblance de caractère avec leurs parents ou grands-parents. C'est souvent la violence qu'on leur fait vivre qui les rend violents et qui fait ressortir en eux certains traits de caractère. Afin que vous compreniez bien comment des adultes agissent sur le caractère des enfants, observez ceci à vos écrans personnels.

Un père de famille joue avec son bébé d'une dizaine de mois. Il fait rouler deux petites autos jusqu'à lui, et lorsque le bébé vient pour les prendre, le père les retire vivement en disant:

— Non, non, non, tu ne les auras pas!

Puis il recommence le même manège jusqu'à ce que le bébé se mette à crier et à pleurer de rage. Soulevant alors le bébé au bout de ses bras, le père s'exclame en riant:

> *— Bon! là, tu es beau. Là, tu es un vrai p'tit homme à mon goût! C'est ça, crie, mon gars, montre-nous que tu as du caractère.*

Et la scène disparaît des écrans des jeunes.

— Oh! Oh! s'exclame Felipe. J'ai déjà vu des scènes comme ça. Pas tout à fait la même histoire, mais ça se ressemblait.

— Veux-tu dire que ça donnait le même résultat? interroge Oméga.

— Oui, c'est ce que je veux dire, répond Felipe. Et moi, ça me choquait parce que je me disais que souvent des parents le faisaient exprès pour que leurs enfants aient mauvais caractère.

— Peux-tu nous raconter ce que tu as déjà vu? lui demande Oméga.

— *Oui, acquiesce Felipe. Ça se passait au centre commercial près de chez moi. Une femme magasinait avec ses deux enfants. Je l'avais entendue leur dire de marcher de chaque côté d'elle pour qu'elle soit sûre qu'ils ne se chicanent pas. Dès que l'un d'eux marchait plus vite, un peu en avant, elle le laissait aller quelques instants, puis elle lui tirait une couette de cheveux ou bien elle le pinçait. Quand le jeune la regardait, en colère, elle faisait comme si elle ne savait pas ce qui s'était passé jusqu'à ce qu'un des enfants pense que c'était son frère qui lui tirait les cheveux ou qui le pinçait et qu'il parte une bagarre. Et leur mère trouvait ça drôle.*

Élément-Intention apparaît à l'écran mural en agitant son masque et il intervient:

— Vous avez pu constater, jeunes voyageurs terriens, comment le fait d'utiliser des **intentions masquées** peut même amener les jeunes à avoir envie d'utiliser la violence pour se défendre.

— Des situations semblables à celle-là arrivent souvent, commente Alpha.

— Dans mon pays, ajoute Igor, j'ai déjà vu des histoires semblables et même assez souvent. Certains parents disent qu'ils agissent ainsi seulement pour que leurs enfants apprennent à se défendre et ne se laissent pas dominer plus tard.

Reprenant la parole, Oméga précise:

— Cette violence fait que des jeunes de cinq, six ans arrivent à l'école et veulent imposer aux autres les mêmes façons de faire que celles qu'ils ont apprises dans leurs familles. Et lorsqu'il n'y a pas de règlements dans ces écoles, et quand je dis **règlements**, je dis ceux qu'on **applique,** qu'arrive-t-il?

— Il y en a qui ont toujours envie d'agacer ou de déranger les autres, répond Ramirez.

— Il y a des bagarres et des crises, affirme Paméla.

— Des lunchs disparaissent et d'autres vols se commettent, déclare Enriquez.

— Il y a des bêtises qui se disent et des couettes de cheveux qui se tirent, continue Assam.

— Et parfois, certains trouvent ça drôle, conclut Cynthia.

— C'est vrai, Oméga, avoue Christelle. Moi, ça m'est

déjà arrivé de trouver ça drôle de voir des p'tits jeunes faire des crises ou essayer de se battre ou donner des coups de pied à un plus grand. Si je trouvais ça drôle, ça veut dire que, moi aussi, j'ai encouragé la violence, mais je ne le savais pas.

— Plusieurs humains ne le savent pas non plus, reprend Oméga, et vous aurez à le leur démontrer. Plusieurs parents, tout comme dans l'exemple que vous avez pu suivre à votre écran tantôt, trouvent ça beau, un jeune qui est en crise. C'est pourquoi ils l'encouragent même à se révolter et, volontairement ou non, ces parents contribuent à perpétuer la violence. Jeunes visiteurs terriens, puisque vous voulez contribuer à rétablir la paix et l'harmonie sur votre planète, il est essentiel que vous soyez très **attentifs** à vos attitudes, à vos comportements sans oublier de corriger toutes vos façons d'agir qui encouragent la violence.

Élément-Attention se met alors à scintiller de mille feux.

— Je constate qu'Élément-Attention a un nouveau message à vous transmettre, observe Oméga. Écoutez-le attentivement.

— Merci, Maître Oméga, dit Élément-Attention. Jeunes voyageurs, ajoute-t-il, il est essentiel que vous soyez **attentifs** à certaines attitudes et à certains comportements largement acceptés sur votre planète et qui ne sont pas reconnus comme violents. Observez ceci à vos écrans personnels.

Et le message suivant apparaît à l'écran de chacun des jeunes.

- *C'est de la violence lorsque plusieurs personnes s'associent pour nuire à une autre;*
- *c'est de la violence lorsque quelqu'un parle contre une personne absente;*
- *on agit de façon violente lorsque l'on fait une promesse que l'on n'a pas l'intention de tenir;*
- *on agit de façon violente lorsque l'on ne fait rien pour empêcher qu'un individu utilise la violence contre un autre;*
- *on agit de façon violente lorsque l'on se pense au-dessus des règlements alors que l'on oblige les autres à les respecter;*
- *on agit de façon violente lorsque l'on utilise des surnoms ou des qualificatifs désagréables, vulgaires, méchants, grossiers envers les autres;*
- *on agit de façon violente lorsque l'on ridiculise les autres;*
- *on agit de façon violente lorsque l'on humilie ou rabaisse les autres;*
- *on agit de façon violente lorsque l'on utilise le chantage ou la menace pour obtenir ce que l'on veut;*
- *on agit de façon violente lorsque l'on utilise la vengeance au lieu de clarifier une situation;*
- *on agit de façon violente lorsque l'on interrompt une personne alors qu'elle n'a pas fini d'émettre son message;*
- *on agit de façon violente lorsque l'on empêche des personnes de pouvoir recevoir un message;*

> • *on agit de façon violente lorsque l'on empêche d'autres élèves d'apprendre en captant leur attention de toutes sortes de manières;*
> • *c'est de la violence de ne pas tenter d'aider ou d'aller vers quelqu'un qui est en difficulté ou qui a de la peine ou qui souffre.*

L'écran de chacun des jeunes s'éteint, et Élément-Attention poursuit:

— Jeunes voyageurs, au fil du temps, le cœur de nombreux hommes s'est desséché et beaucoup de terriens ne se soucient ni de la souffrance ni de la pauvreté des autres. Ils mettent énormément d'énergie pour se procurer et accumuler des biens matériels ou pour s'accorder des loisirs personnels sans tenir compte des autres. Ils prétendent alors qu'ils sont à la recherche du bonheur, mais ces humains n'ont pas compris que ce qui rend heureux, ce n'est pas le fait de posséder beaucoup de choses, mais de recevoir de l'**attention**.

Sur votre planète, poursuit Élément-Attention, de nombreux jeunes reçoivent beaucoup de cadeaux, des vêtements à leur goût, de l'argent pour se procurer des biens matériels, mais, par contre, ils reçoivent très peu d'**attention** et plusieurs d'entre eux se sentent malheureux et **seuls**. Comprenez bien qu'un être humain ne peut pas vivre seul sans affection, sans amour. Sans **attention**, il ne peut s'épanouir, il ne peut avoir le sentiment de son importance, le sentiment de faire partie d'un groupe et d'avoir un **rôle** à y jouer. Bien sûr, il peut arriver à survivre, mais il aura alors constamment l'impression de ne pas être intéressant. Il peut errer d'un lieu à un autre, à la recherche de quelques marques d'**attention**, mais il se sent **seul**, incompris de son groupe ou de sa famille et coupé du monde. Et ce manque d'**attention,** ce manque d'affection rend les jeunes extrêmement vul-nérables à ceux qui savent profiter de la solitude et de la souffrance des autres pour former des réseaux de jeunes délinquants.

Élément-Attention se transforme alors en clé de feu, puis il précise:

— Amis terriens, retenez bien ceci: si vous voulez **prévenir** la violence et la délinquance, si vous voulez **aider** les jeunes avant qu'ils ne soient entraînés dans des gangs et dans des groupes de jeunes malfaiteurs, alors, la **clé** de la réussite est la suivante:

- accordez-leur au moins dix minutes d'**attention** et d'**écoute** réelle à chaque jour;
- soyez **attentifs** à ce qu'ils ressentent, à ce qui les affecte, à la souffrance reliée à leur isolement;
- **décodez** ce qu'ils vous disent et démontrez-leur que vous les com-prenez.

Et, reprenant sa forme, Élément-Attention complète:

— Ainsi ces jeunes, bénéficiant de l'**attention** et de l'affection qui leur sont nécessaires, n'auront pas envie de syntoniser l'univers des gangs, des drogues, de la délinquance, de la violence.

Je vous laisse maintenant la parole, Maître Oméga.

— En faisant cela, affirme Oméga, vous réussirez à **prévenir** la délinquance dans vos familles, dans vos écoles, dans vos groupes d'amis, et vous pourrez accomplir votre mission.

Puis, laissant les jeunes voyageurs approfondir ce qu'ils viennent d'apprendre, Oméga adresse le message suivant à chacun des lecteurs membres de l'Alliance pour la paix sur la planète Terre:

— Bonjour, ami lecteur terrien! Il est possible que toi aussi, sur ta planète, tu connaisses certains jeunes en détresse, que tu aies voulu les aider à se tenir loin de la drogue, des gangs, de la délinquance et que tu aies eu de la difficulté à réussir. C'est pourquoi, afin que tu puisses à l'avenir **aider** des jeunes qui sont malheureux et qui s'**isolent** avec leur souffrance, je te pro-pose maintenant de faire l'exercice pra-tique qu'a préparé pour toi Élément-Attention. C'est ainsi, jeune lecteur, que par ta compréhension et par ta participation, tu contribueras à aider les jeunes voyageurs de l'espace à rétablir la paix et l'harmonie sur ta planète. Surtout, ne fais pas cet exercice trop rapi-dement. Réfléchis bien avant de répondre. Tout comme les jeunes voyageurs, prends le temps de bien te rappeler une scène réelle et assure-toi de la revoir en entier

afin de bien comprendre tout ce que nous avons expliqué dans ce chapitre. J'invite maintenant Élément-Attention à t'adresser son message.

— Merci, Maître Oméga, répond Élément-Attention, qui fait apparaître à l'écran du lecteur le message suivant:

Salut à toi, jeune lecteur! Dans le but de mesurer ta compréhension de l'importance de ma présence en prévention de la violence et de la délinquance, j'ai préparé cet exercice pour toi. Je te propose maintenant de le faire attentivement et de répondre honnêtement aux questions qui le suivent afin que tu puisses mesurer tes forces et tes faiblesses à m'utiliser adéquatement. Voici l'exercice:

- *Rappelle-toi une situation qui t'est arrivée et dans laquelle tu as remarqué qu'un jeune était malheureux et isolé du groupe et que tu as voulu l'aider.*
- *Décris sur cet écran ce qui s'est passé.*

Ami lecteur terrien, dis-moi, dans cette scène,

- *as-tu su être **attentif** à ce jeune?*

    oui ☐   *non* ☐

- *es-tu allé vers lui?*

    oui ☐   *non* ☐

- *si non, décris les peurs ou les préjugés ou les sentiments ou les émotions qui t'ont empêché d'aller vers lui.*

    *Réponse:*_____

- *si oui, as-tu su être attentif à ce que ressentait ce jeune?*

    oui ☐   *non* ☐

- *as-tu fait connaître à ce jeune ton **intention** de l'aider?*

    oui ☐   *non* ☐

- *as-tu su **syntoniser** la longueur d'onde de ce jeune, c'est-à-dire éviter de le juger, de le critiquer, de l'accuser ou de lui faire des reproches?*

    oui ☐   *non* ☐

- *as-tu réussi à lui donner le goût de se confier à toi?*

    oui ☐   *non* ☐

- *as-tu bien* **décodé** *ce qui l'affectait et l'amenait à se retirer?*

  oui ☐   *non* ☐

- *as-tu réussi à le comprendre?*

  oui ☐   *non* ☐

- *as-tu su utiliser la* **rétroaction** *pour lui démontrer que tu le comprenais?*

  oui ☐   *non* ☐

- *à la fin de votre entretien, ce jeune se sentait-il soulagé d'avoir été compris?*

  oui ☐   *non* ☐

- *par la suite, t'es-tu intéressé à ce jeune et es-tu allé chaque jour vers lui afin d'***écouter** *ce qui l'affectait en positif comme en négatif?*

  oui ☐   *non* ☐

- *ton* **intention** *de l'aider était-elle assez forte pour que tu lui fasses cadeau d'au moins dix minutes d'***attention** *chaleureuse par jour?*

  oui ☐   *non* ☐

- *lui as-tu démontré comment utiliser les sept éléments de la communication en* **prévention** *et en* **résolution** *de problèmes?*

  oui ☐   *non* ☐

*Jeune lecteur terrien, si tu as fait attentivement cet exercice et si tu as répondu honnêtement à chacune des questions et que tu as observé les difficultés qu'a entraînées l'absence d'un des sept éléments de la communication, tu possèdes assez d'indices maintenant pour être en mesure d'améliorer ta façon d'être **attentif** à un jeune qui est malheureux et qui s'**isole**.*

*Ami lecteur, c'est en apprenant à être **attentif** aux autres et à m'utiliser adéquatement et c'est aussi en apprenant à faire tous les jours aux autres cadeau de **l'attention** que tu pourras réussir là où plusieurs ont échoué.*

*Je t'invite maintenant à partager ton expérience et tes nouvelles connaissances avec tes parents, avec tes frères et sœurs, avec tes professeurs, avec tes compagnons de classe et avec tes amis. Ainsi, avec ton **aide**, ils pourront eux aussi en arriver à comprendre l'importance d'être **attentifs** aux jeunes qui sont malheureux et qui s'**isolent** afin de **prévenir** la délinquance et l'utilisation des drogues.*

*Chaque terrien, qu'il soit jeune ou adulte, qu'il soit riche ou pauvre, a besoin **d'attention** et sans un minimum **d'attention** chaque jour, il risque de sombrer dans **l'isolement** et, par la suite, d'être une victime pour les violents qui sont à l'affût de nouvelles recrues pour leurs gangs ou leurs bandes de jeunes malfaiteurs. En m'utilisant, tu pourras faire en sorte que des jeunes se sentent moins **seuls** et qu'ils ne soient pas attirés par les drogues et par les gangs.*

*C'est donc en faisant ta part pour être **attentif** à ceux qui souffrent que tu pourras aider les jeunes*

> *voyageurs à réussir leur mission et à rétablir la paix*
> *sur la planète Terre. À plus tard, ami lecteur, et bonne*
> *expérimentation!*

L'écran du lecteur s'éteint, puis Élément-Attention disparaît.

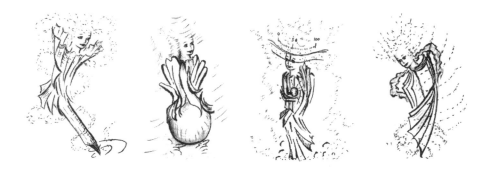

CHAPITRE 5

LES JE, ME, MOI ET L'ÉDUCATION

Alors qu'Élément-Attention transmet son message au lecteur, Oméga syntonise la fréquence de la planète Terre et observe à quel point un mauvais décodage du mot **éducation** avait amené de nombreux parents, de nombreux adultes à abandonner leur rôle **d'éducateurs** au profit d'idées nouvelles favorisant le laisser-faire, la mollesse, l'apprentissage sans modèle. Oméga voit que cette nouvelle façon de penser avait amené de nombreuses familles et écoles à croire, à tort, que **l'éducation** et les **règlements** devaient faire place à la camaraderie et à la tolérance exagérée.

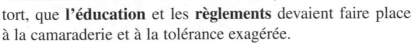

— Qu'est-ce qui a amené les terriens à si mal décoder le mot **éducation?** s'interroge Oméga.

Puis, voyant qu'Élément-Attention a fini de transmettre son message au lecteur, Oméga demande aux jeunes:

— Amis voyageurs, serait-il possible que sur votre planète le mot **éducation** soit très mal décodé?

— Je ne sais pas, répond Tania.

— Moi non plus, moi non plus, avouent plusieurs jeunes.

— Comment ça, le mot éducation est mal décodé? questionne Alpha en guise de réponse.

Élément-Décodage apparaît alors à l'écran mural et des étincelles de lumière se mettent à jaillir du magnétophone qu'il a sur la tête.

— Je constate que vous êtes prêt à nous donner une explication, reprend Oméga en s'adressant à Élément-Décodage.

— Oui, Maître Oméga, affirme-t-il.

Et, rembobinant sa cassette, Élément-Décodage ajoute:

— Jeunes terriens, observez bien cette scène à vos écrans personnels, car elle vous permettra de comprendre comment le mot **éducation** a perdu beaucoup de son importance et pourquoi de nombreux adultes ont renoncé si facilement à leur **rôle** d'éducateurs au profit d'idées nouvelles.

Et une scène apparaît aux écrans des jeunes.

À l'heure du souper, une famille est réunie autour de la table. La mère et Ariane, une adolescente, font le service. Le père, assis à un bout de la table, commande:

— D'autres patates.

Ariane lui sert des pommes de terre.

— Encore plus de sauce, dit-il.

Ariane ajoute un peu de sauce dans l'assiette de son père. Deux jeunes se mettent alors à chuchoter.

— Silence! hurle le père, on est à table.

Sous le choc, Frédéric, un des enfants, s'étouffe en avalant une bouchée de pain. Furieux, son père lui crie:

— Sors de table si tu n'es pas capable de manger comme du monde.

Toute la famille est sur les dents, même la mère. Lorsque le père a terminé son repas, il se lève de table et, pointant du doigt ses trois garçons, il leur ordonne:

— Toi, toi et toi, allez continuer le ménage du garage.

— Ils n'ont pas terminé leur souper, intervient la mère.

— Ne te mêle pas de ça, lui répond-il. S'ils avaient faim, ils n'avaient qu'à manger plus vite au lieu d'essayer de parler dans mon dos. Allez, oust! dit-il à ses fils.

Puis, s'adressant à Ariane, il ajoute:

— Et toi, dépêche-toi de manger, ensuite tu iras sarcler les légumes.

À peine sortis de la maison, les trois jeunes discutent entre eux.

— En tout cas, moi, assure Frédéric, quand j'aurai des enfants, je ne leur ferai pas la vie dure comme ça.

— Je n'ai même pas eu le temps de manger ma viande, et j'ai faim, se plaint Guillaume. C'est toujours comme ça avec papa, j'en ai ras-le-bol.

> — *Moi aussi, avoue Alexis, le plus vieux. Pour lui, c'est juste le travail qui compte. On n'a jamais de loisirs, nous. On n'a pas le droit de parler, pas le droit de sortir, pas le droit de rire. Ce n'est pas une vie, ça. On dirait que toute la famille est là juste pour le servir, lui. J'ai hâte d'être assez vieux pour partir d'ici. Je vous jure que ça va changer... Ma vie, je vais l'organiser à mon goût.*

Et, instantanément, on voit à l'écran le visage d'Alexis se transformer pour devenir celui d'un adulte père de famille.

— Oh! Ah! disent les jeunes voyageurs, surpris.

— Amis terriens, reprend Élément-Décodage, observez bien cette nouvelle scène à vos écrans. Elle vous apprendra beaucoup sur les raisons qui ont amené plusieurs adultes au **laisser-faire** ou à la **mollesse** dans **l'éducation** des enfants.

> *Alexis est attablé avec son épouse et ses deux enfants. Marco, un des jeunes, place des pois sur sa fourchette et les lance à Joachim, son frère. Ce dernier baisse la tête, et les pois s'écrasent dans une fenêtre.*
>
> — *Zut, s'exclame la mère, quel gâchis! Marco, arrête ça tout de suite.*

Et, instantanément, on voit à l'écran le visage d'Alexis se transformer pour devenir celui d'un adulte.

— *Voyons, voyons, Bertha, laisse-les faire, inter-vient Alexis. Ils sont encore jeunes, il faut bien qu'ils s'amusent. Moi, à leur âge, je n'ai jamais pu avoir du plaisir et j'en ai tellement souffert! Je me suis toujours dit que je ne serais pas un mauvais père pour mes enfants et qu'eux, ils m'aimeraient.*

— *Je comprends, répond Bertha, mais ce n'est pas une raison pour les laisser faire n'importe quoi. Moi, je n'en peux plus, je passe mon temps à nettoyer les dégâts.*

— *Ça va changer, voyons, reprend Alexis, ils vont vieillir et devenir plus raisonnables. Il faut les laisser s'amuser pendant qu'ils sont jeunes. Après, ils auront tout le temps pour être sérieux.*

Bertha soupire profondément et se lève pour aller ramasser les pois.

— *Ne t'en fais pas pour si peu, chérie, ajoute Alexis. Je le sais que j'ai raison. D'ailleurs, toi aussi, tu sauras me le dire dans quelques années quand tu les verras plus sages et heureux.*

Le visage d'Alexis se transforme de nouveau à l'écran, et on l'aperçoit vieilli de sept ans. On le retrouve à l'heure du souper en compagnie de son épouse et de ses deux enfants qui sont maintenant âgés de quinze et seize ans.

— *Ah, pas encore du steak! proteste Joachim, en repoussant avec dédain son assiette.*

— *Moi, c'est du spaghetti que je voulais, bon, ajoute Marco en faisant vivement tourner son assiette jusqu'à ce qu'une partie du contenu se répande sur la table.*

— *Zut, Marco! lui reproche sa mère, tu ne pourrais pas faire attention?*

— *Oh, la mère! répond Marco. Prends ton gaz égal. Tu n'es pas pour me crier après.*

Et Alexis, ramassant les dégâts, excuse son fils en disant à Bertha qui marmonne:

— *Ne te choque pas, voyons! Ils sont jeunes encore. La vie va se charger de leur faire apprendre.*

Et, se tournant vers ses garçons, il déclare en riant:

— *Vous «autres», vous êtes chanceux de m'avoir pour père. Je vous le dis, tous les pères ne sont pas comme moi. Le mien n'aurait jamais accepté qu'on fasse une seule des gaffes que vous faites.*

Puis l'image se transforme de nouveau à l'écran, et l'on peut voir Alexis, encore beaucoup plus âgé, en train de prendre un café au restaurant en compagnie de ses deux fils devenus adultes.

Marco siffle, et faisant un signe à Yvette, la serveuse, il clame d'une voix forte:

— *Il n'est pas buvable, ton café! Change-moi ça.*

Yvette le regarde, offusquée, s'approche de la table et lui dit:

— *Siffle ton chien si tu veux. Ici, ce n'est pas comme ça que ça marche. Un peu de savoir-vivre, ça ne nuit pas dans la vie. Puis, si tu n'es pas content, tu peux aller ailleurs. Je ne vais certainement pas m'en plaindre.*

Marco, en colère, se lève vivement, renverse son café et crie:

— *Il n'y a jamais personne qui m'a parlé sur ce ton et ce n'est pas toi qui vas me dire quoi faire.*

> — *Moi, je n'ai jamais accepté qu'on me siffle, rétorque Yvette en s'en allant, et ce n'est pas quelqu'un qui n'a aucun savoir-vivre qui va m'en imposer.*
>
> *Marco fait un mouvement pour la retenir par le bras, et Joachim intervient:*
>
> — *Voyons, Marco! dit-il à son frère, calme-toi, n'en fais pas tout un drame.*
>
> *Mais, une fois de plus, guidé par sa décision du passé, Alexis prend vivement la défense de son fils:*
>
> — *Laisse-le, Joachim, Marco a raison d'être en colère. Moi, je n'ai jamais accepté que l'on soit sévère avec vous, tellement j'ai souffert à cause de mon père...*
>
> — *C'est ça, l'interrompt Yvette. Et maintenant, c'est moi, je suppose, qui devrais subir son mauvais caractère et son manque d'éducation? Ce n'est pas parce que c'est comme ça chez vous que ça doit être comme ça ici, ajoute-t-elle en s'en allant. Ce n'est sûrement pas moi qui vais vous servir.*

Et l'image disparaît des écrans des enfants.

— Ouf! Il a mauvais caractère, Marco, s'exclame Anouk.

— Il était temps que quelqu'un le remette à sa place, commente Hamid. Heureusement que mes parents ne m'ont pas élevé comme ça!

— Ça doit être bien plus difficile de corriger notre caractère une fois rendus adultes, surtout lorsqu'on a toujours eu un père qui prenait notre part, constate Raïssa.

— Ça doit être rare un père qui agit comme ça, suppose Luigi.

— C'est vrai, affirment plusieurs jeunes.

— Amis voyageurs terriens, intervient Élément-Décodage, l'histoire de ce père de famille est beaucoup plus répandue que vous ne le croyez. Souvent, ceux qui, dans leur enfance, ont souffert d'être dominés par leurs parents en arrivent, devenus adultes, à interpréter que **l'éducation** est un empêchement à la liberté de leurs enfants. Ainsi, ne voulant pas les brimer, ils les laissent presque constamment agir selon leurs goûts, leurs émotions ou leurs frustrations, sans guider leurs comportements, sans les éduquer, sans leur apprendre à tenir compte des autres. Ces parents aiment bien rire des mauvais coups de leurs enfants et s'amuser de tout ce qu'ils osent faire sous prétexte qu'eux ne pouvaient pas le faire. Cela les soulage un peu de leur passé de souffrances, de privations et de domination.

Les jeunes qui grandissent dans ces familles, poursuit Élément-Décodage, en arrivent très tôt à devenir égoïstes, à croire que tout leur est permis et que tout leur est dû et à se penser supérieurs aux autres comme si seuls comptent leurs droits, leur confort, leurs plaisirs, leurs caprices, leurs besoins, leur liberté. Ils deviennent des **Je, Me, Moi** à qui aucun effort ne peut ou ne doit être demandé. Ayant grandi sans que leurs parents ne guident leurs comportements, ils agissent uniquement selon leurs émotions ou leurs révoltes en méprisant les autres qui ne sont à leurs yeux que ceux qui doivent être à leur service pour satisfaire leurs besoins et combler leurs désirs et leurs caprices.

Ainsi, Alexis, en renonçant à éduquer ses enfants, en a fait des personnes autoritaires ne pensant qu'à elles-mêmes, qu'à leurs intérêts personnels, ne pouvant être attentives aux autres, voulant toujours être obéies au doigt et à l'œil, exactement comme l'était leur grand-père.

— Oh! s'exclament quelques jeunes, je n'avais pas remarqué ça.

— Marco et Joachim ont le caractère de leur grand-père. Pauvre Alexis! conclut Joao.

— C'est vrai, précise Nova, et Alexis, qui a été au service de son père, a ensuite été au service de ses enfants. En tout cas, sa vie n'a pas vraiment changé.

— Pourtant, remarque Enriquez, quand il était jeune, Alexis disait qu'il avait hâte d'être adulte pour que ça change.

— On dirait, ajoute Igor, qu'il voulait que ses enfants soient comme ceux qui habitent la planète de la Liberté sans limites, qu'ils puissent faire seulement ce qu'ils avaient envie, quand ils en avaient envie, sans avoir à tenir compte des autres.

Élément-Décodage se met à émettre alors des signaux lumineux, puis il rembobine vivement sa cassette en disant:

— Mauvais décodage, mauvais décodage.

— Comment ça? demande Nova.

— Alexis a mal décodé le sens du mot **éducation,** explique Élément-Décodage. Il a interprété qu'**éduquer** signifiait dominer, donner des ordres, empêcher d'avoir du plaisir. C'est ainsi que, parce qu'il a souffert de l'autoritarisme de son père, Alexis en est arrivé à ne plus comprendre le vrai sens du mot **éducation** et à ne pas pouvoir trouver de juste milieu entre le **laisser-faire** total et l'**autoritarisme**.

Élément-Décodage s'interrompt en voyant que plusieurs jeunes lèvent la main.

— Amis terriens, auriez-vous des questions à me poser? leur demande-t-il.

— Oui, répond Tania. J'aimerais savoir ce que veut dire le mot autoritarisme.

— Moi aussi, moi aussi, renchérissent ceux qui ont la main levée.

— **L'autoritarisme**, leur explique Élément-Décodage, c'est le caractère ou le comportement d'une personne qui aime dominer, imposer ses goûts, sa volonté, commander les autres et qui n'accepte pas qu'on la contredise ou même que l'on pense autrement qu'elle. Une personne autoritaire ne consulte pas les autres, ne pense pas à leur bien-être; elle leur donne des ordres, exerce sur eux une autorité de façon abusive, sous forme de violence, de domination. C'est ainsi qu'elle se donne du pouvoir et qu'elle impose ses idées à ceux qu'elle considère comme ses choses, ses possessions au service de ses caprices, comme le faisait le père d'Alexis. Comprenez-vous, jeunes terriens?

— Oui, répondent-ils, c'est clair maintenant.

Et Élément-Décodage ajoute:

— C'est parce qu'il n'a pas réussi à trouver de juste milieu entre **l'autoritarisme** et le **laisser-faire** total qu'Alexis n'a pas joué son rôle **d'éducateur** et qu'il a contribué ainsi à répandre la violence dans sa famille et sur votre planète.

— Il ne pensait sûrement pas mal faire, commente Thierry.

— Il ne devait pas savoir que ça ferait des jeunes Je, Me, Moi, remarque Paméla.

— C'est probablement parce qu'il voulait que ses enfants l'aiment, affirme Luis.

— Jeunes voyageurs, explique Élément-Décodage, Alexis croyait agir pour le bonheur de ses enfants. Vous devez savoir que, tout comme lui, de nombreux terriens n'ont pas eu de modèles de parents à la fois éducateurs et aimants. À cause de cela, ils n'ont pas compris ce que signifiait jouer leur **rôle** de parents. C'est ce qui les a amenés à choisir le rôle d'amis et de compagnons de leurs enfants, au lieu d'être leurs **guides** affectueux, leurs **éducateurs** chaleureux et justes, leurs **confidents** discrets. Pour être aimés de leurs enfants, et parce qu'ils ne se sont pas sentis aimés alors qu'ils étaient jeunes, ces parents interprètent que jouer le **rôle d'éducateurs**, cela signifie ne pas aimer leurs enfants, agir comme leurs propres parents l'ont fait avec eux, c'est-à-dire être violents, autoritaires ou domina-teurs, ne pas **écouter** ce que les jeunes ont à dire, ne pas tenir compte de leurs besoins, de leurs sentiments et de leurs per-sonnalités. C'est donc parce qu'ils n'ont pas eu comme parent un **véritable éducateur** que nombreux sont ceux qui ne savent pas ce que le mot **éduquer** veut dire. C'est ce mau-vais décodage qui les amène à ne plus être en mesure de jouer leur **rôle**. Ils pensent alors, et plusieurs le croient sincère-

ment, que l'enfant apprendra par lui-même sans guide, sans modèle et que le temps se chargera de l'éduquer. Et pourtant, ce n'est pas là le **rôle** du temps mais bien celui des parents. Je laisse maintenant la parole à Maître Oméga.

— Jeunes terriens, demande alors Oméga, avez-vous bien compris comment la souffrance, reliée à la domination subie dans leur enfance, a amené plusieurs parents à mal décoder leur **rôle d'éducateurs** et à faire de leurs enfants des jeunes mous, sans respect, sans discipline ainsi que des jeunes du genre **Je, Me, Moi**?

— Oui, répondent plusieurs jeunes.

— L'exemple d'Alexis et de ses enfants m'a beaucoup aidé à comprendre, ajoute Felipe.

— Bien, reprend Oméga. Amis voyageurs, afin que vous compreniez encore mieux comment le ras-le-bol face à l'autoritarisme risque d'amener de nombreux jeunes à agir comme Alexis lorsqu'ils seront à leur tour parents, je vous ai préparé un exercice pratique à faire, dans lequel vous aurez à vous rappeler un souvenir vécu. Voici mes instructions: surtout, ne le faites pas trop rapidement. Réfléchissez bien avant de répondre. Prenez le temps de bien vous rappeler une scène réelle et assurez-vous de la revoir en entier afin de bien comprendre ce qu'Élément-Décodage vous a expliqué.

Oméga touche un bouton, et l'exercice à faire apparaît à l'écran des enfants.

— *Rappelle-toi une situation qui t'est arrivée et dans laquelle un adulte ou un gardien a abusé de son autorité pour t'empêcher de faire quelque chose et que, tout comme Alexis, tu t'es dit dans ta tête: J'ai hâte d'être adulte! Moi, je n'agirai pas comme ça. Je ne serai pas sévère, moi.*

— *Réflexion.*

— *Qu'est-il arrivé par la suite lorsqu'à ton tour, tu es devenu responsable de plus jeunes, soit à titre de gardien pour tes frères et sœurs ou pour d'autres enfants, soit dans un rôle de surveillant ou de brigadier à l'école ou à la piscine ou au terrain de jeux?*

*Réponse:*_____

Après quelques minutes, Oméga constate que les jeunes ont tous terminé l'exercice mais qu'Angelo a l'air songeur. Il lui demande alors:

— Es-tu d'accord pour nous raconter ton expérience, Angelo?

— Oui, répond-il et il enchaîne:

— *J'ai bien compris ce qui a amené Alexis à laisser faire n'importe quoi à ses enfants. Moi, quand j'avais douze ans, ma mère a été hospitalisée loin de mon village, et mon père s'est absenté une semaine pour qu'elle ne se sente pas trop seule. Des voisins nous ont gardés, mes petites sœurs et moi. Ça s'est passé un peu comme dans les films d'armée. Giulio et Cecilia étaient comme des commandants qui n'arrêtaient pas de nous surveiller, de nous donner des ordres et de nous interdire des choses:*

— *Toi, tu es de corvée ce matin. Tu ne sors pas, me disaient-ils, alors que j'étais déjà prêt à aller à la pêche avec mes amis.*

Et je devais faire des travaux que je n'avais jamais faits: le lavage des fenêtres à l'intérieur et à l'extérieur, par exemple. Et si ce n'était pas au goût de Cecilia, elle s'écriait:

— *Recommence-moi ça tout de suite, c'est encore sale! Comme ça, tu vas comprendre ta pauvre mère et tu sauras pourquoi elle est tombée malade. Si tu l'avais aidée plus souvent aussi, peut-être qu'elle ne serait pas à l'hôpital aujourd'hui.*

Moi, je me sentais très mal quand elle parlait comme ça et je faisais comme ils voulaient. Mais, au bout de trois jours, j'en ai eu assez qu'ils m'empêchent toujours de jouer avec mes amis. Ils exagéraient tous les deux:

— Fais ceci.

— Non, ne fais pas ça.

— Non, tu n'iras pas là.

— Fais le ménage du garage, tes parents vont être fiers de toi.

— Non, tu ne peux pas, et non à ceci, et non à cela.

Même mes sœurs jumelles de cinq ans n'arrêtaient pas de frotter. Elles n'avaient même pas le droit de jouer à des jeux différents pour ne pas laisser de «traîneries», comme disait Giulio. Je regrettais donc de ne pas être plus vieux pour que l'on n'ait pas besoin de gardiens. Quand mes parents sont revenus, j'étais très soulagé.

Quelques mois plus tard, ma mère devait passer un examen médical au même hôpital, et mes parents voulaient encore nous faire garder. Les jumelles pleuraient. Alors, j'ai demandé à mes parents:

— Laissez-moi garder. Je suis capable de le faire bien mieux que Giulio et Cecilia. Moi, je ne serai pas bête avec les petites. Et si quelque chose ne va pas, je pourrai téléphoner à tante Giuseppina.

J'ai tellement insisté que mes parents ont accepté et, pendant ces deux jours, ç'a été tout le contraire d'avec nos gardiens. J'ai laissé les jumelles faire tout ce qu'elles voulaient. Paola s'est même rendue malade à manger n'importe quoi parce que moi, je disais «oui» à tout ce qu'elle me demandait.

À la fin de l'exercice, j'ai compris que mon expérience avec Giulio et Cecilia m'avait rendu allergique au «non» et que, quand les jumelles me demandaient quelque chose, je ne pouvais pas le leur refuser et je leur répondais très vite «oui» sans réfléchir à savoir si leurs jeux étaient sécuritaires ou si toutes les sucreries que je leur donnais étaient bonnes pour leur santé.

Moi aussi, Oméga, j'ai fait comme Alexis. Je n'ai pas trouvé «un juste milieu» comme vous dites. Je n'ai pas joué mon rôle de gardien parce que je n'avais pas «digéré» mes gardiens autoritaires.

Oméga laisse à Angelo la possibilité d'exprimer les sentiments et les frustrations qui ont surgi au souvenir de cette scène, puis il poursuit:

— Jeunes voyageurs terriens, il est important, pour votre mission, que vous compreniez bien que tout comme Alexis ou Angelo, nombreux sont ceux qui ont souffert de **l'autoritarisme** au point où ils n'arrivent plus à comprendre qu'ils ont un **rôle** à jouer. Ils ne veulent que faire en sorte que ceux qui sont en leur présence ne soient pas malheureux comme eux l'ont déjà été. Est-ce vrai, Angelo?

— Oh oui, c'est vrai, répond vivement Angelo. Je ne voulais pas que mes petites sœurs vivent encore une mauvaise expérience et j'étais prêt à tout pour cela.

— Bien, reprend Oméga. Maintenant, je laisse la parole à Élément-Décodage qui vous donnera d'autres explications sur l'importance du **rôle d'éducateur**.

— Merci, Maître Oméga, dit Élément-Décodage. Puis, s'adressant aux jeunes, il leur demande:

— Amis terriens, que diriez-vous d'un entraîneur de hockey qui ne démontrerait pas aux jeunes joueurs les règles de ce sport, qui ne leur enseignerait pas comment jouer et surtout comment bien jouer selon la position qu'ils occupent dans l'équipe, ce qu'ils doivent faire, comment améliorer leurs coups de patin pour être efficaces, comment tenir compte des autres joueurs, comment passer rapidement la rondelle, comment être attentifs lors de la mise au jeu, comment profiter de chaque seconde du jeu et comment apprendre à travers leurs erreurs?

— Ce ne serait pas un vrai entraîneur, déclare Willie.

— Moi, je dirais que c'est dommage pour les joueurs, précise Patricia.

— Moi aussi, soutient René, je trouverais ça regrettable pour les joueurs parce qu'eux penseraient qu'ils ont un vrai entraîneur et ils perdraient leur temps à mal apprendre.

— En plus, continue Nancy, ça serait beaucoup plus difficile pour eux de réapprendre à jouer après l'avoir mal appris.

— C'est vrai, indique Miguel, c'est beaucoup plus facile d'apprendre comme il faut dès la première fois.

— Moi, confie Natacha, j'aurais aimé ça apprendre la communication comme il faut quand j'étais petite comme le font les jeunes sur la planète AZ126. Ils n'ont pas besoin de se corriger de leurs mauvaises habitudes, ils apprennent pendant qu'ils sont tout petits.

— Moi aussi, avoue Ramirez, j'aurais bien aimé ça. J'aurais éprouvé beaucoup moins de difficultés et je n'aurais pas provoqué autant de bagarres. J'en ai fait baver des jeunes de ma classe avec mes intentions masquées. Je n'avais pas appris ni compris les conséquences des mauvaises communications et je n'avais pas appris non plus comment arriver à résoudre mes problèmes.

— C'est la même chose pour moi, mentionne Jacinthe, et je suis bien plus heureuse maintenant. C'est drôle parce que la première fois que j'ai vu les jeunes sur la planète AZ126, je me disais qu'ils ne devaient pas avoir beaucoup de plaisir, étant donné qu'il y avait des règlements.

— Moi aussi, j'avais mal décodé le mot règlement, déclare Luis, et tout comme Jacinthe, je croyais que leur vie devait être ennuyante.

— Et maintenant, lui demande Élément-Décodage, qu'en penses-tu?

— Il n'y a rien de «plate» dans un règlement, comme vous nous l'avez enseigné, répond Luis. Un règlement existe pour qu'une activité se déroule dans l'harmonie pour chacun et que personne ne tente de nuire à un autre. Tant qu'on n'a pas une **intention masquée** de nuire à une personne ou à la réalisation d'une activité, on ne peut être contre les règlements, les vrais. Je sais maintenant que les jeunes ont beaucoup de plaisir à vivre sur la planète AZ126. En plus, ils ont comme règle de vie de voir à ce que chacun puisse avoir des moments de loisirs et être bien. C'est super ça! Ce n'est pas comme ça sur notre planète. Ça me rappelle un souvenir par rapport aux règlements, est-ce que je peux le raconter?

— Êtes-vous d'accord, jeunes voyageurs, pour que Luis nous raconte son souvenir? questionne Élément-Décodage.

— Bien sûr, répondent les jeunes.

Et Luis raconte:

— *Ça s'est passé à peine un mois avant qu'Élément-Émetteur nous envoie le message d'Oméga nous invitant à venir continuer nos apprentissages.*

Le directeur de la section première secondaire de mon école nous expliquait:

— *Je n'accepterai plus que vous veniez en classe avec des vêtements trop courts; vous devrez retourner chez vous pour vous changer. La longueur réglementaire, c'est que les vêtements aillent au plus à deux centimètres en haut du genou.*

Certains élèves se sont mis à chahuter et à critiquer:

— *Ça n'a pas de sens d'être obligés de s'habiller au goût du directeur.*

— *Ce n'est pas à lui de choisir nos vêtements. Il exagère.* *D'autres disaient:*

— *On n'a pas de liberté dans cette école-là.*

— *On est assez vieux pour décider seuls comment s'habiller. On n'est plus au primaire.*

Alors, notre professeur a demandé la parole, puis il nous a expliqué:

— *À l'intérieur du règlement sur la décence dans l'habillement, vous avez toute la liberté des styles de vêtements, des couleurs et des tissus que vous aimez. Le directeur ne vous impose pas un costume, il s'agit simplement d'une longueur acceptable, de vêtements décents. Tout le reste est libre et vous pouvez continuer à utiliser votre imagination et porter des vêtements originaux et à votre goût.*

Les élèves ont compris et ils ne se sont plus sentis privés de leurs droits.

— Mais quel était le **but** de ce règlement? demande Élément-Décodage.

— Oh, c'est vrai! affirme Luis, je ne l'ai pas dit. C'était pour favoriser la réalisation de nos apprentissages parce que, dans notre classe, il y avait beaucoup de distractions à cause des vêtements très courts. Plusieurs élèves n'écoutaient pas ce que le prof enseignait et s'amusaient plutôt à surveiller comment les filles s'assoyaient et jusqu'où ils pouvaient voir. Ils faisaient des farces vulgaires. La même

chose se produisait pendant les cours d'éducation physique, au lieu d'être à notre affaire, on regardait les formes et on faisait des farces. Il y a même eu des touchers déplacés. Le directeur a alors décidé de faire appliquer le règlement sur le port de vêtements convenables dans l'école. Il y avait de l'abus.

— Si je comprends bien, reprend Élément-Décodage, ce **règlement** n'avait pas pour **but** de vous brimer dans vos droits ni de laisser une personne dominatrice vous imposer ses goûts.

— Non, répond Luis.

— À l'école où j'allais avant la guerre, raconte Miguel, on avait souvent beaucoup de plaisir à surveiller des professeures quand elles se penchaient ou s'étiraient pour écrire au tableau. Ensuite, on se réunissait en petits groupes et on se racontait ce qu'on avait vu.

— C'est comme à mon école, ajoute Lysa. Une adjointe portait des chandails décolletés et des colliers qui descendaient sur sa poitrine. On blaguait quand elle marchait vite et certains s'organisaient pour qu'elle soit obligée de se pencher devant eux.

— À l'école où j'allais, avoue Christelle, c'est le professeur d'éducation physique qu'on surveillait et on en disait des conneries sur son compte! Lui, il n'était pas habillé de façon décente. Il portait un costume très serré qui faisait ressortir ses formes. Nous, les jeunes, on blaguait beaucoup, et on n'était pas les seuls. J'ai entendu d'autres professeurs passer des commentaires.

— Jeunes terriens, intervient alors Oméga, cela démontre que pour exister vraiment, un **règlement** doit **s'appliquer** de la même façon pour tous ceux qui font partie d'une école ou d'une famille ou d'un groupe. Lorsque des exceptions existent, cela nuit à la réalisation d'une activité et favorise des jeux **d'intentions.**

Et, au même instant, Élément-Intention se met à scintiller.

— Élément-Intention a un message à vous transmettre, reprend Oméga. Écoutez-le tous attentivement.

— Merci, Maître Oméga, dit Élément-Intention.

Puis, s'adressant aux jeunes, il ajoute:

— Jeunes voyageurs, le **règlement** concernant l'habillement décent dans l'école a pour but de faire en sorte que des jeux **d'intentions** n'aillent pas à l'encontre des apprentissages des élèves. Comprenez bien que, sur votre planète, lorsque les humains arrivent à l'adolescence, plusieurs d'entre eux mettent beaucoup **d'attention** pour se faire remarquer par les jeunes du sexe opposé. Et plusieurs d'entre eux  utilisent même le temps réservé à leurs cours pour bien faire comprendre à un jeune qu'ils le trouvent de leur goût.

Les enfants ne peuvent s'éduquer eux-mêmes; ils ne peuvent apprendre lorsqu'ils ne sont pas guidés affectueusement.

— Dans mon pays, affirme Aïcha, ça commence même à la préadolescence.

— Comprenez bien alors, continue Élément-Intention, que, sans règlements, vos jeux d'intentions feraient en sorte qu'il n'y aurait pas d'enseignement ni d'apprentissage possibles, tellement votre **attention** serait à 100 % captée. Vous enseigner cela fait partie de **l'éducation** que doivent transmettre les parents et tous ceux qui sont responsables de groupes de jeunes. Je laisse maintenant la parole à Maître Oméga.

— Jeunes voyageurs terriens, précise Oméga, retenez bien ceci: les enfants, qu'ils habitent la planète Terre ou dans un autre univers, ne peuvent s'éduquer eux-mêmes; ils ne peuvent pas apprendre lorsqu'ils ne sont pas **guidés** affectueusement, lorsqu'ils n'ont pas de modèles concrets, lorsqu'on ne leur démontre pas clairement et simplement les retombées de leurs actions. Laissés à eux-mêmes, les enfants risquent de suivre la loi du moindre effort ainsi que les exemples qu'on leur donne, c'est-à-dire ceux du laisser-faire et ceux des jeux **d'intentions** qui ne tiennent pas compte des autres.

Se tournant ensuite vers Élément-Décodage, Oméga ajoute:

— Vous pouvez poursuivre la leçon, Élément-Décodage.

— Merci, Maître Oméga, dit Élément-Décodage.

Et s'adressant aux enfants, il leur demande:

— Dites-moi, jeunes terriens, parmi les règlements qui existent sur la planète Terre, dans vos écoles, y en a-t-il qui concernent la santé et qui ont aussi pour **but** de favoriser les apprentissages?

— Je ne sais pas, répondent plusieurs jeunes.

— Oh oui! il y en a un, affirme Kevin, et il existe même un dicton qui le décrit: «ventre affamé n'a point d'oreilles», ce qui signifie que c'est important de manger à sa faim si l'on veut être capable d'écouter, d'être **attentif**.

— C'est la même chose pour le sommeil, reprend Cynthia, quand on ne dort pas assez, on a de la difficulté à écouter.

— On a aussi de la difficulté à écouter quand il y a quelqu'un près de nous qui nous donne mal au cœur, mentionne vivement Sébastien.

— Que veux-tu dire, Sébastien? demande Élément-Décodage.

— Je veux dire que, quand je suis en classe et qu'il y a quelqu'un qui sent mauvais, j'ai mal au cœur et ça m'empêche de bien comprendre ce qui est expliqué. Certains ne s'occupent pas du tout des règles d'hygiène.

— Oh ça, «j'haïs» ça, ajoute Joao. Il y a des jeunes qui ne comprennent pas qu'ils peuvent être rejetés parce qu'ils ne se lavent pas ou parce qu'ils portent les mêmes vêtements plusieurs jours sans les laver et qu'ils sentent mauvais. C'est difficile d'être attentive au cours dans ce temps-là et ça nuit à nos apprentissages.

— Bien ça, enchaîne Roberto, c'est comme pour l'histoire des vêtements décents, les adultes aussi peuvent sentir mauvais.

— C'est vrai, affirme Mary. L'an passé, à mon école, un de mes professeurs sentait tellement mauvais qu'on se tenait à distance. Ça ne nous donnait pas envie du tout d'assister à son cours. On avait juste hâte que la période finisse, on n'écoutait pas vraiment ses explications, surtout quand il s'approchait de notre pupitre. On lui a même donné un surnom pas très gentil.

— Certains ne sentent pas mauvais à cause de la malpropreté, remarque Aïcha, mais parce que leurs parfums sentent trop fort. Dans notre école, les fenêtres ne s'ouvrent pas, et quand le prof arrive, ça sent très fort, même que des fois, ça nous donne mal à la tête. Dans ce temps-là, j'aimerais donc pouvoir aller respirer dehors. Quand je reviendrai sur la planète Terre et que j'aurai à parler de ce que j'ai appris ici, je le dirai comment l'absence de règles d'hygiène nuit à nos activités et que ça affecte même notre santé.

— Merci de vos témoignages, jeunes voyageurs, reprend Élément-Décodage. Par ma question, je voulais que vous constatiez que lorsque certains **règlements** ne sont pas **appliqués**, cela nuit à vos activités. Je laisse maintenant la parole à Maître Oméga.

— Par les exemples que vous nous avez donnés, explique Oméga, nous avons pu constater que, sur votre planète, plusieurs personnes ne tiennent pas compte des **règles** élémentaires de décence ou d'hygiène. Ces gens agissent ainsi soit par manque **d'éducation**, ce qui entraîne un manque de respect pour les autres, soit parce qu'ils ont décidé de vivre sans **règlements** et sans tenir compte des droits des autres. Dans tous ces cas, ces personnes, volontairement ou non, nuisent à la réalisation des activités du groupe. Amis terriens, retenez bien ceci:

- lorsque les jeunes reçoivent une saine **éducation** et

- lorsqu'ils sont guidés par des **règlements** logiques, c'est-à-dire uniquement par des **règlements** qui ont pour but de favoriser, pour chaque membre d'un groupe, la réalisation d'une activité ou le bien-être, l'harmonie, la santé et la sécurité,

ces jeunes grandissent dans le respect des droits des autres ainsi que dans le plaisir d'apprendre, de comprendre et d'expérimenter en toute liberté à l'intérieur des **règlements appliqués.** Ils ne se sentent pas alors privés de leurs droits et, devenus adultes, ils appliqueront ce qu'ils ont appris et ce qui les a aidés alors qu'ils étaient enfants.

Jeunes terriens, poursuit Oméga, **éduquer** *signifie indiquer à l'enfant une ligne de conduite, le guider affectueusement vers l'autonomie, l'épanouissement et le succès dans ses relations personnelles. Un enfant ne doit pas être laissé à lui-même, car l'***éducation*** est à la base de sa réussite dans ses relations avec les autres.*

Sur votre planète, enchaîne Oméga, de nombreux individus agissent en réaction aux **règlements**, même à ceux de l'hygiène corporelle, parce qu'ils ont été longtemps dominés par de **faux** règlements qui n'étaient dictés qu'à cause des caprices ou de la volonté et de **l'intention déguisée** d'individus de parvenir à les dominer.

Et plusieurs de ces **faux règlements** n'ont jamais été évalués, analysés et remis en question. C'est pourquoi, lorsque vous retournerez sur votre planète, vous aurez à informer les humains à ce sujet et à leur demander de réévaluer les **règlements** existants afin qu'ils puissent observer lesquels en sont vraiment et lesquels sont des faux qui ne servent qu'à **masquer des intentions**.

Pour que vous réussissiez votre mission, jeunes voyageurs, précise Oméga, les terriens devront bien comprendre ce message afin que cessent enfin les jeux de domination qui amènent de nombreux individus

- à ne plus rien vouloir savoir des **règlements**
- à abandonner toute idée d'**éducation**

ou qui poussent d'autres individus

- à vouloir continuer à dominer en utilisant de **faux** règlements abusifs tel qu'ils l'ont vu faire dans leur enfance.

— Heureusement, affirme Igor, nous savons maintenant différencier un vrai règlement d'un faux.

Élément-Décodage ajoute alors:

— Tu as raison, Igor. Et n'oubliez jamais ceci, jeunes voyageurs, un **règlement** se reconnaît toujours par le **but** qu'il vise. Un **vrai** règlement n'a comme seul **but** que de favoriser la réalisation d'une activité ou le bien-être et l'harmonie dans un groupe ou la santé et la sécurité d'un individu ou d'un groupe d'individus.

— Et, reprend Élément-Intention en soulevant son masque, ce qui fait que les membres d'un groupe peuvent être entièrement d'accord avec un **règlement** et son application, c'est qu'ils comprennent très bien le **but** que vise le **règlement**. Autrement dit, ajoute-t-il en remettant son masque, ils savent qu'un **vrai** règlement n'a pas **d'intentions cachées** de dominer, d'empêcher d'avoir du plaisir ou de gagner au détriment d'un plus faible.

— Lorsque les humains cesseront de balancer d'un extrême à l'autre, déclare Oméga, la paix pourra enfin revenir sur la planète Terre.

— Moi, avoue Anouk, je ne comprends pas ce que vous voulez dire par balancer d'un extrême à l'autre.

— Moi non plus, je ne comprends pas, affirment plusieurs.

— Jeunes terriens, reprend Oméga, je me réfère simplement à l'exemple que vous avez vu à vos écrans personnels et dans lequel Alexis, en ayant ras-le-bol d'être dominé par un père violent et autoritaire, en est arrivé à ne vouloir donner aucune **éducation** à ses enfants afin que, contrairement à lui, ils puissent avoir du plaisir et grandir en toute liberté. Il est passé d'un extrême, qui est la violence et la domination par son père, à un autre extrême, qui est le laisser-faire total pour ses fils, ce qui a produit, comme résultat, des enfants du genre **Je, Me, Moi**, qui eux, à leur tour, et à cause d'un manque **d'éducation** reviennent à l'autre extrême, qui est la violence et la domination. Ils n'ont pas de juste milieu. La peur qu'a éprouvée Alexis de brimer ses enfants, la crainte de leur faire de la peine s'il les avait rappelés à l'ordre, et le désir de les laisser s'exprimer plus librement qu'il a pu le faire dans son enfance ont amené Alexis à laisser ses enfants agir comme ils le voulaient et à les laisser adopter la voie d'une liberté sans respect pour la liberté des autres, la voie de la domination.

Avez-vous vraiment tous bien compris, jeunes terriens? demande Oméga.

— Oui, répondent plusieurs jeunes.

— Oui, maintenant, je comprends mieux, constate Anouk.

— Alors, peux-tu nous le démontrer par un exemple? reprend Oméga.

— Oui, affirme Anouk qui explique: on balance d'un extrême à l'autre lorsqu'on réagit à la violence en se taisant et en se repliant sur nous-mêmes et que, par la suite, on se venge sur quelqu'un de plus jeune ou de moins fort que nous. Il n'y a pas de juste milieu quand on agit comme ça.

— Tu as très bien compris, dit Oméga. Et maintenant, jeunes terriens, il est important pour la réussite de votre mission que vous sachiez que

- lorsque les humains accepteront enfin du fond du cœur de ne plus tolérer la violence, ni la leur ni celle des autres;
- lorsque, de plus, ils réévalueront les **règlements** existant dans leurs groupes et qu'ils accepteront de favoriser l'éta-

blissement et l'application de **règlements** qui facilitent:

- la réalisation de leurs activités;
  ou
- le bien-être, le savoir-vivre et l'harmonie dans les groupes;
  ou
- la santé et la sécurité,

- ils auront alors mis sur pied les bases qui leur permettront de vivre enfin une ère de **paix et d'harmonie**.

Dès qu'ils entendent les mots **paix et harmonie**, les sept Éléments de la communication apparaissent alors à l'écran mural. Ils se placent en demi-cercle, et un arc-en-ciel aux couleurs vives et éclatantes se forme et les réunit l'un à l'autre.

— Et ceci ne peut se faire sans nous, déclarent-ils en chœur, car tout émetteur ou tout récepteur **s'aidera**

 d'abord à rétablir la paix en lui-même en appliquant les **règles de base de la communication**, c'est-à-dire en nous utilisant.

Et, à nouveau, les lettres SAIDRa flamboient au-dessus des Éléments rassemblés.

— Oh! s'exclame Steve en regardant scintiller les lettres, c'est notre clé pour l'entraide qui revient. J'aime ça la revoir, ça m'aide à comprendre.

— Moi aussi, enchaînent d'autres jeunes.

 — Amis terriens, reprend Oméga, rappelez-vous bien ceci: lorsque les humains utiliseront cette **clé**, et que chacun d'entre eux ramènera la paix en lui-même et, par la suite, dans sa famille puis dans son groupe, la paix et l'harmonie s'établiront sur votre planète.

Puis, laissant les jeunes voyageurs approfondir ce qu'ils viennent d'apprendre, Oméga adresse le message suivant à chacun des lecteurs membres de l'Alliance pour la paix sur la planète Terre:

— Ami lecteur, je te salue! Il est possible que, toi aussi, tu connaisses des jeunes qui souffrent de l'autoritarisme, de la domination de certaines personnes qui auraient dû jouer pour eux le rôle **d'éducateurs** et qui ne l'ont pas fait ou que toi-même, tu souffres présentement de cette situation et qu'à cause de ce fait, toi aussi, tout comme Alexis, tu aies **décodé** que le mot **éducation** signifie domination, privation de droits, obstacles à la liberté. Cette mauvaise interprétation est causée par les nombreux exemples que t'ont donnés ces personnes autoritaires. C'est pourquoi je t'invite maintenant à faire l'exercice pratique qu'a préparé pour toi Élément-Décodage afin que tu puisses, à l'avenir, bien **décoder** ce mot et surtout bien jouer ton **rôle** lorsque tu seras responsable de groupes ou de jeunes enfants, à titre de gardien, de moniteur, de surveillant de piscine ou à toute autre fonction.

Par ta compréhension, ami lecteur, tu contribueras à aider les jeunes voyageurs de l'espace à rétablir la paix et l'harmonie sur ta planète.

Surtout, ne fais pas cet exercice trop rapidement. Réfléchis bien avant de répondre. Tout comme les jeunes

voyageurs, prends le temps de bien te rappeler une scène réelle et assure-toi de la revoir en entier afin de bien comprendre tout ce que nous avons expliqué dans ce chapitre. J'invite maintenant Élément-Décodage à t'adresser son message.

— Merci, Maître Oméga, dit Élément-Décodage qui fait apparaître à l'écran du lecteur le message que voici:

*Salut à toi, jeune lecteur terrien! Afin que tu puisses bien mesurer ta compréhension de ce qui a été enseigné dans ce chapitre et que, par la suite, tu puisses, toi aussi, aider les jeunes voyageurs à accomplir leur mission, je te propose maintenant de faire cet exercice et de répondre honnêtement aux questions qui le suivent. Cela te permettra de bien mesurer la frustration qui amène tant de jeunes, victimes de la domination et de l'autoritarisme des adultes, à mal décoder le mot **éducation**. Voici l'exercice:*

- *Rappelle-toi une situation qui t'est arrivée et dans laquelle tu étais aux prises avec un adulte qui aurait dû jouer pour toi le rôle **d'éducateur** affectueux et qui agissait plutôt en individu autoritaire et dominateur.*
- *Décris sur cet écran ce qui s'est passé.*

Ami lecteur, dis-moi, dans cette scène,
- *quelle émotion a monté en toi?*
  ou
- *quelle révolte a grondé en toi?*

  Réponse:_____

- *Que t'es-tu dit dans ta tête sur la façon dont, toi, tu t'y prendrais avec les jeunes pour qu'ils soient heureux?*

Réponse:_____

- *À la suite de cette expérience, as-tu conservé l'idée que: être **éducateur** signifiait agir comme cet adulte, c'est-à-dire utiliser l'autoritarisme et la domination?*

     oui ☐   *non* ☐

- *Si oui, est-ce que, depuis ce temps, tu décodes mal le mot **éducation**, ce qui t'amène, lorsque tu te retrouves à devoir jouer avec des plus jeunes le **rôle** de gardien ou de responsable d'une équipe:*

  - *soit à les laisser faire tout ce qu'ils veulent pour qu'ils t'aiment et qu'ils ne te jugent pas comme tu as jugé cette personne;*

  - *soit à utiliser, toi aussi, l'autoritarisme ou la domination puisque, enfin, tu as le pouvoir de le faire?*

    Réponse:_____

- *À cause du mauvais décodage du mot **éducation**, dès que tu te retrouves en présence d'animateurs ou de chefs de groupe ou d'enseignants, es-tu aux prises avec le désir de te rebeller, de te révolter contre leur **rôle**?*

    oui ☐   *non* ☐

*Jeune lecteur terrien, si tu as fait attentivement cet exercice et si tu as répondu honnêtement à chacune des questions et que tu as observé comment l'autoritarisme d'un adulte t'a amené à mal décoder le mot **éducation**, tu peux comprendre maintenant que la souffrance et la frustration reliées à l'autoritarisme ont amené de nombreux terriens à décrocher de leur rôle d'**éducateurs**.*

*Maintenant que tu comprends mieux comment des adultes, jeunes ou vieux, ont été amenés par la souffrance au laisser-faire excessif, à la mollesse ou à la rudesse et à l'autoritarisme, je t'invite, jeune lecteur terrien, à partager ton expérience et tes nouvelles connaissances avec tes parents, avec tes frères et sœurs, avec tes professeurs, avec tes compagnons de classe et avec tes amis. Ainsi, avec ton aide, ils pourront, à leur tour, comprendre les conséquences d'une mauvaise interprétation du mot **éducation**. Donc, à plusieurs, en vous **écoutant** mutuellement et en comprenant la raison d'être de vos difficultés par rapport à l'**éducation**, vous en arriverez à être en mesure de vous **entraider** pour vivre ensemble en harmonie.*

> *Ami lecteur, tu peux maintenant te servir de tes nouvelles connaissances lorsque tu joueras le **rôle** de responsable de groupe et expliquer aux jeunes dont tu auras la charge ce que tu as appris. De cette manière, tu aideras les jeunes voyageurs de l'espace à réussir leur mission et à rétablir la paix sur la planète Terre.*
>
> *À plus tard, ami lecteur, et bonne expérimentation!*

L'écran du lecteur s'éteint, puis Élément-Décodage disparaît.

CHAPITRE 6

LES JEUX D'ALLIANCES ET LES DÉSIRS DE VENGEANCE

 Alors qu'Élément-Décodage transmet son message au lecteur, Oméga syntonise la fréquence de la planète Terre. Il observe comment plusieurs terriens accumulent en eux des désirs de vengeance qu'ils nourrissent pendant de nombreuses années. Oméga constate avec tristesse que toutes les frustrations conservées dans le cœur des hommes font en sorte que, même après avoir réussi à se venger, leur désir de poursuivre leur vengeance est rarement apaisé.

— Pauvres terriens! se dit alors Oméga. La souffrance et la frustration ont noirci leur cœur, et plusieurs d'entre eux sont constamment dominés maintenant par des désirs sans fin de se venger de leurs frères et sœurs, de leurs compagnons, de leurs anciens amis, de bandes rivales. Et ils prétendent qu'ils veulent la paix, pas la guerre! Ces humains disent qu'ils ne comprennent pas que des pays soient en guerre, alors qu'eux-mêmes ne sont même pas prêts à faire la paix en eux, à regarder et à réévaluer ce qu'ils ont dans leur cœur, la haine qu'ils nourrissent ainsi que les désirs de vengeance qu'ils alimentent constamment.

Puis, voyant qu'Élément-Décodage a fini de transmettre son message au lecteur, Oméga déclare:

— Jeunes voyageurs, ma peine est grande lorsque je vois des terriens occuper une grande partie de leur temps à planifier ou à alimenter ou à mettre en action une vengeance en se disant qu'ainsi ils résoudront leurs problèmes. En agissant de cette manière, ils ne font qu'envenimer les choses et entretenir une guerre personnelle entre eux et ceux qu'ils considèrent leurs ennemis. Souvent, ils réussissent même à faire participer à leurs mauvaises actions des gens qui ne savent même pas qu'une vengeance est en train de se tramer. Et c'est ainsi que, de vengeance en vengeance, s'agrandit le cercle de ceux qui désirent se venger.

Quand donc les humains cesseront-ils de faire semblant qu'ils veulent la paix alors que leurs actions sont dirigées par leurs **intentions masquées** de se venger? Quand donc les terriens accepteront-ils de **résoudre honnête-**

ment leurs problèmes au lieu de créer la guerre dans leurs familles, dans leurs écoles, dans leurs groupes, dans leurs pays?

Élément-Rétroaction apparaît alors à l'écran mural en faisant scintiller ses trois miroirs. Oméga lui demande alors:

— Avez-vous une démonstration à faire à nos jeunes amis, Élément-Rétroaction?

Élément-Rétroaction agrandit alors ses miroirs latéraux pour y accueillir Élément-Émetteur, Élément-Récepteur et leurs cinq clés de résolution de problèmes.

— Oui, Maître Oméga, répond-il en agrandissant ses miroirs latéraux pour y accueillir Élément-Émetteur, Élément-Récepteur et leurs cinq clés de résolution de problèmes.

— Bien, dit Oméga, alors nous vous écoutons.

Puis, agrandissant son miroir frontal, Élément-Rétro-action ajoute:

— Jeunes terriens, observez bien cette scène dans mon miroir.

Dans une cour d'école, un groupe de jeunes s'est rassemblé près de la clôture.

— Justin m'a dit, chuchote Carlos, que tu étais un peureux, une lavette et qu'il t'attendrait au dîner.

— Qu'il vienne, répond Melchior. Il ne me fait pas peur. Je vais lui montrer, moi, si je suis une lavette.

— Mais ce que tu ne sais pas, précise Carlos, c'est que Justin ne sera pas seul. Il a dit que, quand il en aurait fini avec toi, tu n'oserais plus jamais regarder les autres en face.

— Hein! il a dit ça! s'offusque Melchior.

Et se tournant vers ses amis, il ajoute:

— On s'organise, les gars, et on va voir qui de lui ou de moi n'osera pas regarder les autres en face.

Puis le groupe prépare son plan d'attaque. Et Carlos, qui a alimenté tous ces débats, se frotte les mains de satisfaction.

À l'heure du dîner, Melchior et ses amis suivent leur plan et s'empressent de se réunir sous l'escalier près de la sortie principale de l'école et, dès qu'apparaît Justin, ils l'apostrophent avec des propos violents.

> — *Eh bien! lui dit Melchior, tu pensais que j'aurais peur de toi, que je me défilerais, que je n'oserais plus regarder personne en face, hein? Et, sortant son canif, il ajoute:*
>
> — *On va voir lequel de nous deux aura le plus peur de l'autre et n'osera plus regarder les autres en face. Elle est où, ta gang de peureux?*
>
> *Justin, isolé de son groupe et pris au dépourvu, n'a pas vu venir l'attaque et il réussit de justesse à esquiver le coup de couteau.*
>
> — *Hé! je ne t'ai rien fait, moi, proteste-t-il. Qu'est-ce qui se passe avec toi? Tu...*
>
> *Ne le laissant pas terminer sa phrase, la bande de Melchior saute sur Justin et l'immobilise rapidement par terre. N'écoutant que sa colère, Melchior lui donne un violent coup de pied au ventre, puis il taillade son veston et coupe les lacets de ses bottines tout en le narguant.*
>
> — *Qui a peur, hein? Qui a peur? Toi ou moi?*
>
> *Carlos qui, par ses mensonges, a provoqué la bagarre pour se venger de Justin se réjouit de la défaite de celui-ci et il s'empresse de se défiler avant que les surveillants n'aient le temps de s'apercevoir de ce qui se passe.*

L'image disparaît, puis le miroir frontal d'Élément-Rétroaction reprend sa forme originale.

— C'est dégueulasse ce que Carlos a fait, commente Anouk.

— Et Melchior l'a cru, constate Assam.

— Pauvre Justin! s'exclame Cynthia.

— Je ne voudrais pas être dans la peau de Carlos si Justin et Melchior apprenaient qu'il a tout manigancé ça, observe Angelo.

— Oh! Oh! Il risque d'y avoir toute une vengeance là! reconnaît Jacinthe.

— Comme vous avez pu le constater, jeunes terriens, dit Élément- Émetteur, pour créer une guerre, il suffit d'un émet-

teur **mal intentionné**. C'est ainsi que s'y prennent de nombreux terriens pour faire naître les désaccords et les disputes qui se transforment rapidement en débats et en combats. Il suffit souvent d'un mot méchant, d'un geste haineux ou d'un mensonge pour déclencher un combat et même une guerre de clans.

— C'est pourquoi, ajoute Élément-Récepteur, avant même d'accepter de recevoir un message, vous devez connaître les intentions de votre émetteur et vous devez surtout savoir, jeunes terriens, que chaque fois que l'on vous parle d'une personne qui n'est pas là pour s'expliquer ou pour se défendre, s'il y a lieu, votre émetteur risque d'avoir une **intention cachée**:

• soit de vous nuire;
• soit de nuire à la personne absente.

En conséquence, lorsqu'un émetteur parle d'une personne absente, vous ne devez pas supposer que son **intention** est

honnête et qu'il vise votre bien et l'harmonie dans un groupe.

Élément-Intention agite alors son masque et déclare:

— N'oubliez pas, jeunes terriens, que
toute guerre commence par une **intention
masquée** souvent très, très bien déguisée, de
façon à ce que vous ne puissiez pas la reconnaître immédiatement. Habituellement, la
mauvaise intention est dissimulée sous le
couvert de la flatterie, du secret ou de la confidence, sous
l'apparence de vouloir votre bien.

Amis terriens, observez cette scène à vos écrans personnels, ajoute Élément-Intention.

> *Dans le corridor de l'école, face à la bibliothèque,
> Mélanie attend Rébecca. Dès qu'elle l'aperçoit, elle
> s'empresse de lui raconter d'une voix dramatique:*
>
> *— Tu ne devineras jamais ce que Jonathan a dit
> pendant que, toi, tu l'aidais en faisant sa recherche à
> la bibliothèque!*
>
> *— Quoi? Qu'est-ce qu'il a dit? lui demande
> Rébecca, inquiète.*
>
> *— Je n'aime donc pas ça te répéter ça, reprend
> Mélanie sur un ton mielleux. Je le sais que tu es sen-
> sible et que ça va te faire de la peine. Je ne sais pas si
> je devrais.*
>
> *— Décide-toi, rétorque Rébecca, agacée. Tu me le
> dis ou tu ne me le dis pas?*
>
> *— Si je te le dis, c'est juste pour toi. C'est impor-
> tant que tu saches avec qui tu sors.*
>
> *Puis, s'approchant de Rébecca, elle lui chuchote à
> l'oreille:*

> — *Il a dit que c'est «plate» de sortir avec une «bollée», une «straight», mais qu'il fait semblant de t'aimer parce que tu fais ses travaux pour lui.*
>
> — *Ça, c'est écœurant, s'écrie Rébecca en colère. Oh! il a fait semblant avec moi, ajoute-t-elle en déchirant le travail de recherche qu'elle vient de faire. C'est fini avec lui, affirme-t-elle, furieuse, en s'en allant rapidement.*
>
> *Mélanie la regarde s'éloigner, puis elle change d'air et s'empressant d'aller retrouver sa meilleure amie, elle lui annonce fièrement:*
>
> — *Je l'ai fait. Jonathan est libre.*
>
> — *Wow! s'exclame Annie, indifférente à la souffrance de Rébecca, il est à toi maintenant. Wow! tu as réussi ton coup. Raconte-moi ça.*

L'écran des jeunes s'éteint et des commentaires se font alors entendre.

— C'est bête d'agir comme ça, déclare Enriquez.

— Ce genre de méchancetés arrive souvent, dit Mary.

— Oui, c'est vrai, reprennent plusieurs jeunes.

— C'était toute une intention masquée, ça, affirme Kevin.

Élément-Intention déclare alors:

— N'oubliez jamais ceci, jeunes terriens, les **intentions masquées** sont la **source** de nombreux conflits sur votre planète. C'est au récepteur que revient la responsabilité de questionner un émetteur sur ses **intentions** véritables quand il parle d'un absent et ce, avant même d'accepter de recevoir ce message et surtout de croire que ce qu'il affirme est vrai.

Et Élément-Attention prend alors la parole:

— Comme les deux derniers exemples vous ont permis de le constater, lorsqu'un émetteur **mal intentionné** réussit à capter suffisamment **l'attention** d'un récepteur par une parole méchante et offensante ou par une parole mielleuse, beaucoup d'émotions et de frustrations peuvent surgir par la suite et empêcher le récepteur de voir le piège que lui tend cet émetteur mal intentionné.

— Les émotions et les frustrations empêchent le récepteur de bien **décoder**, et le message et l'attitude de l'émetteur, enchaîne Élément-Décodage, car la curiosité qu'éveillent des paroles telles que: «Tu ne devineras jamais ce que Jonathan a dit...» ainsi que le bouleversement qu'elles enclenchent empêchent de voir l'intérêt qu'a celui qui émet de tels messages en l'absence de la personne concernée.

— Jeunes terriens, reprend Élément-Intention, une communication concernant une personne absente cache presque toujours une **intention malveillante**. C'est pourquoi, en tant que récepteurs, vous vous devez de refuser de croire les propos émis en l'absence du principal intéressé. Sinon, tout comme Rébecca, vous risquez d'être aux prises avec une rupture, ou, tout comme Melchior, d'être impliqué dans la vengeance d'un émetteur mal intentionné.

— Des situations comme celles-là, c'est très fréquent à mon école, dit John. Souvent, des jeunes s'organisent pour faire «casser de jeunes amoureux» en inventant toutes sortes de choses sur le compte de l'un ou de l'autre. Puis après, ils surveillent leurs réactions et rient de voir souffrir les autres. Je le sais, moi, ça m'est arrivé en première secondaire. J'ai eu beaucoup de peine.

— Même au primaire, affirme Nancy, des choses comme ça arrivent. Pas nécessairement pour faire «casser de jeunes amoureux» mais pour empêcher un ami d'avoir d'autres amis et pour toutes sortes de raisons. Souvent, pour se venger, certains déforment la vérité ou colportent des faussetés.

Et Élément-Rétroaction ajoute:

— Jeunes terriens, il est très, très difficile de faire une **rétroaction** pour clarifier ces situations lorsqu'il s'agit de **communications indirectes.**

— Une communication indirecte, demande Luis, qu'est-ce que c'est?

— Une **communication indirecte,** répond Élément-Rétroaction, c'est ce que Carlos et Mélanie ont fait: c'est une communication qui a lieu en l'absence de la personne dont il est question. C'est une communication qui n'est pas acheminée directement, par la voie normale, c'est-à-dire que c'est une autre personne qui se charge de rapporter des paroles qu'elle prétend avoir entendues et avoir bien décodées. Sachez que le **récepteur** est

presque toujours pris au piège de telles communications acheminées indirectement, car il ne peut utiliser la **rétro-action** et **clarifier** ce qui s'est dit avec la personne concernée puisqu'elle est absente. Et s'il clarifie plus tard, ce sera la personne qui a rapporté les propos qui sera absente. Il devient presque impossible d'avoir l'heure juste dans de telles circonstances.

Jeunes terriens, poursuit Élément-Rétroaction, retenez bien ceci: la majorité des conflits, des combats, des batailles sur votre planète sont alimentés par des **communications indirectes**. Afin que vous sachiez très bien reconnaître une **communication indirecte** avant d'en être pris au piège, apprenez que ces communications contiennent souvent les mots que vous apercevez à vos écrans personnels.

Et les phrases suivantes apparaissent à l'écran de chacun des enfants.

- *Sais-tu ce qu'Unetelle a dit de toi...*
- *Oh! j'ai rencontré Untel, tu ne devineras jamais ce qu'il a osé dire...*
- *Ne va surtout pas lui répéter ce que j'ai dit qu'elle avait dit.*
- *Ah, tu penses qu'il t'aime, toi! Eh bien, je vais te dire ce que je l'ai vu faire avec...*
- *Ah oui! Tu penses qu'Untel est de ton côté. Bien, moi, je l'ai entendu dire à un Untel que...*
- *Je vais te le dire, moi, ce qu'Unetelle pense de toi. C'est pour ton bien que je fais ça.*

> - *Je les ai vus en groupe, ils riaient de toi et disaient que tu...*
> - *Oh oui! devant toi, elle fait semblant d'être ton amie, mais dès que tu as le dos tourné, elle te fait un doigt d'honneur et dit que tu es...*
> - *Hum! Hum! C'est ce que tu penses qu'ils pensent de toi. Mais moi, je le sais que c'est faux, je les vois souvent en dehors de l'école. Ils disent que tes amis sont des...*
> - *J'ai vu Untel avec Unetelle, je pensais qu'elle était ton amie, mais à la manière dont ils se tenaient ensemble, j'ai vite tout compris.*

L'écran des jeunes s'éteint.

— J'ai souvent entendu des phrases semblables. Dans mon village, les gens aiment bien rapporter ce que les autres disent, avoue Igor.

— Moi aussi, affirme Paméla, j'ai souvent entendu des commentaires comme ça.

— Oh! moi aussi, moi aussi, confirment les autres jeunes.

— Oh oui! reprend Élément-Rétroaction, vous en avez sûrement tous entendu, car nous avons constaté que les **communications indirectes** font partie du quotidien de bien des gens sur votre planète. Ce sont ces communications qui soulèvent le plus d'émotion ou de frustration, car dans 85% des cas, elles servent à émettre des propos malveillants ou des commentaires négatifs.

— J'ai souvent entendu des adultes tenir ce genre de propos, commente Ramirez.

— C'est vrai, et souvent à part ça! ajoute Aïcha.

— Vous avez raison, reprend Élément-Rétroaction, ce ne sont pas les jeunes qui ont inventé ce jeu **d'intentions**; ils l'ont vu faire et ils l'ont copié. Lorsque les enfants arrivent à l'âge de deux, trois ans, ils aiment beaucoup imiter leurs parents ainsi que les autres adultes qu'ils rencontrent régulièrement. Leur caractère et leurs attitudes se forment en imitant. Lorsque nous observons ce qui se passe

dans les écoles élémentaires du premier cycle, nous pouvons déjà voir, chez plusieurs jeunes enfants, cette tendance qu'ils ont à parler contre les autres dès que ceux-ci sont absents ou dès qu'ils ont le dos tourné.

Jeunes terriens, poursuit Élément-Rétroaction, lorsque vous serez de retour sur votre planète, dès que vous constaterez que vous ne pouvez pas **vérifier** immédiatement l'exactitude d'un message émis parce que celui qui aurait dit «cela» est absent et dès que vous constaterez que vous ne pouvez pas utiliser la **rétroaction** pour vérifier

- ce qu'il a voulu dire ou
- ce qui l'a amené à dire cela ou
- s'il a réellement dit cela

vérifiez alors **l'intention** de celui qui vous rapporte de tels propos d'un absent. Demandez-lui s'il vous raconte cela parce qu'il désire être aidé ou dans le but de noircir quelqu'un à vos yeux. Et surtout, ne soyez pas surpris que, dans un très fort pourcentage des cas, son **intention** soit:

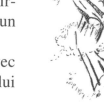

- de créer une alliance avec vous contre cette personne;
- d'empêcher qu'un autre que lui puisse devenir votre ami afin de vous garder pour lui seul, en noircissant un de vos amis ou quelqu'un qui pourrait le devenir;
- de vous faire rompre tout lien avec cette personne pour «l'avoir» à lui seul;
- d'exercer une vengeance.

Je laisse maintenant la parole à Maître Oméga.

— Jeunes terriens, avez-vous tous compris que derrière toute **communication indirecte** se cachent des **intentions masquées**?

— Oh oui! répondent les jeunes.

— Bien, dit Oméga. Amis voyageurs, afin que vous compreniez encore mieux ce que sont les **communications indirectes** et comment elles contribuent à alimenter les conflits et les désirs de vengeance, je vous ai préparé un exercice à faire dans lequel vous aurez à vous rappeler un souvenir vécu. Voici mes instructions: surtout, ne le faites pas trop rapidement. Réfléchissez bien avant de répondre. Prenez le temps de bien vous rappeler une scène réelle et assurez-vous de la revoir en entier afin de bien comprendre ce qu'Élément-Rétroaction vous a expliqué.

Oméga actionne un bouton, et l'exercice à faire apparaît à l'écran des enfants.

- Rappelle-toi une situation qui t'est arrivée et dans laquelle, à cause d'une **communication indirecte**, il y a eu un problème ou une rupture entre une personne et toi.
- Réflexion.
- Quelle émotion a alors monté en toi?
  ou
- Quelle révolte a alors grondé en toi?

Réponse:_____

- Quand tu as constaté qu'une personne avait tiré profit de cette rupture ou de ce problème, quelle décision as-tu prise ?

Réponse:_____

Après une dizaine de minutes, voyant que les jeunes ont tous terminé l'exercice, Oméga leur demande:

— L'un d'entre vous est-il prêt à nous raconter son expérience?

— Moi, moi, répondent plusieurs jeunes en levant la main.

Oméga désigne alors Tania.

— *J'étais au début de ma première secondaire quand c'est arrivé, raconte Tania. D'abord, je dois avouer que, moi aussi, j'ai déjà beaucoup participé à des communications indirectes. Je n'en suis pas tellement fière, mais c'est comme ça dans mon village. Beaucoup de gens s'amusent à surveiller ce qui se passe chez les autres et à raconter toutes sortes de choses sur des situations qu'ils disent avoir vues ou sur des paroles qu'ils prétendent avoir entendues. Parler contre les autres dans leur dos est l'activité principale dans beaucoup de familles, et c'est vrai que ça provoque des chicanes et des désirs de vengeance.*

Un matin, je suis arrivée à l'école et j'avais très hâte de voir Moïra, ma meilleure amie. Quand je me suis approchée d'elle, elle m'a dit bêtement:

— Dégage, fais du vent, quand on a une amie comme toi, on n'a pas besoin d'ennemis!

— Mais voyons, Moïra, ai-je protesté.

Elle ne m'a pas laissée finir ma phrase. Elle a crié:

— Hé! Va faire ton hypocrite ailleurs. Puis, elle m'a tourné le dos. Ça m'a donné tout un choc. Je ne comprenais vraiment pas ce qui se passait. Pourtant, deux jours plus tôt, quand nous nous sommes laissées, tout allait très bien entre nous. Je me suis creusé la tête longtemps sans comprendre ce qui avait pu se passer. En plus, j'avais beaucoup de peine d'avoir perdu ma meilleure amie et ma seule confidente.

Ce n'est que quelques semaines plus tard que j'ai su que Korina avait dit à Moïra que j'avais dit que je trouvais son nouvel ami de mon goût et que si ça pouvait aller mal entre eux, ça ferait mon affaire. C'est pour ça que Moïra était choquée contre moi. Tout ça, c'était faux. Moi, j'étais contente que ça aille bien entre Moïra et son ami. Toute cette histoire était une invention de Korina qui voulait m'enlever mon amie. Et c'est le meilleur moyen qu'elle pouvait trouver!

Quand j'ai su qu'elle avait fait ça, j'ai eu envie de me venger et j'ai trouvé un bon moyen. Je lui en voulais tellement! Finalement, Moïra m'a convaincue de ne pas le faire et m'a fait comprendre qu'il valait mieux pour nous d'apprendre de cette expérience plutôt que de chercher la vengeance. L'important, c'est que j'aie retrouvé mon amie et ma confidente. Mais je peux vous dire que ça fait très mal une rupture d'amitié.

Oméga laisse à Tania la possibilité d'exprimer les sentiments et les émotions qui ont surgi au souvenir de cette scène, puis il explique:

— Jeunes terriens, de nombreux conflits, de nombreux désirs de vengeance proviennent des **communications indirectes** faites par des émetteurs **mal intentionnés** alors que les personnes concernées ne savent même pas ce

qui est en train de se tramer dans leur dos. Les guerres froides ou la rupture entre les membres d'une famille ainsi que la perte de l'amitié ou de l'amour sont très souvent les résultats de **communications indirectes**. L'hypocrisie, la méchanceté, la trahison se retrouvent dans les communications indirectes alors que la franchise, l'honnêteté, la sincérité règnent lorsqu'un émetteur et un récepteur appliquent, d'un commun accord, les **règles de communication.** Lorsque, sur votre planète, les terriens refuseront de recevoir et de faire des **communications indirectes**, la **transparence** pourra exister dans les familles et dans les groupes.

— La transparence! Qu'est-ce que c'est ça? demande Patricia.

Puis, se ravisant, elle reprend:

— Je veux dire que je sais ce que c'est pour le papier transparent ou pour le verre, mais pas dans le sens que vous l'utilisez, Oméga.

Oméga explique alors à ses jeunes visiteurs:

— La **transparence** dans les familles ou dans les groupes:

La transparence, c'est lorsque l'on peut percevoir les intentions honnêtes de chacun des membres d'une famille à travers leurs actions et leurs comportements.

- c'est lorsque chacun des membres annonce clairement et honnêtement ses **intentions**, c'est-à-dire qu'il les laisse «trans»paraître;
- c'est aussi lorsque l'on peut percevoir les intentions honnêtes de chacun des membres à travers ses actions et ses comportements;
- c'est aussi lorsque l'honnêteté, la franchise, la sincérité existent entre tous les membres d'une famille ou d'un groupe;
- c'est aussi lorsqu'ils peuvent se fier les uns aux autres puisqu'ils n'ont aucun acte ou aucune parole nuisible à se cacher.

— Ah, je comprends! constate alors Patricia. Quand on vise l'harmonie, on n'a pas peur de laisser paraître nos intentions et même de les annoncer honnêtement. Les gens qui sont en notre présence se sentent alors en confiance parce que nos actions et notre comportement correspondent à nos intentions. Ça, c'est de la transparence. Et ainsi on ne fait pas de mauvaises surprises aux autres parce que nos intentions paraissent.

— C'est ça, reprend Oméga. Ceux qui vivent dans la **transparence** sont honnêtes et savent dire la vérité sur ce qu'ils pensent, sur ce qu'ils aiment ou sur ce qu'ils n'aiment pas et cela, sans ridiculiser, injurier ou rabaisser les autres. De plus, ils utilisent un langage clair et précis que leurs récepteurs peuvent décoder. La **transparence**, c'est donc le fait de dévoiler honnêtement et clairement ses intentions.

— Jeunes terriens, observez bien ceci à vos écrans personnels, ajoute Oméga. Vous comprendrez que, sur votre planète, la transparence ne peut exister lorsqu'une personne a l'intention de tromper quelqu'un.

Mathieu arrive à table au déjeuner et il se plaint de violents maux de ventre.

— Je ne serai jamais capable d'aller à l'école aujourd'hui, annonce-t-il à ses parents. J'ai des crampes dans le ventre. Aïe! que ça fait mal! ajoute-t-il d'une voix plaintive en se pliant en deux.

— J'espère que ce n'est pas une appendicite, s'inquiète sa mère en remarquant que Mathieu se tient le côté droit. Si tu as aussi mal que ça, il vaut peut-être mieux aller à l'hôpital. Je vais téléphoner au bureau pour dire que je m'absente.

Constatant qu'il est allé trop loin dans son jeu, Mathieu se reprend et dit:

— Non, non, ça ne sera pas nécessaire, maman. Je pense que ce sont les pommes vertes que j'ai mangées hier qui me donnent autant de crampes.

— Te sens-tu capable de rester seul à la maison, lui demande son père, ou devrions-nous demander à ta grand-mère de venir s'occuper de toi?

S'apercevant qu'il risque d'avoir une gardienne, Mathieu précise:

— *Oh! c'est beaucoup moins pire que cette nuit. Je peux rester seul et s'il y a quelque chose qui ne va pas, je pourrai t'appeler à ton travail, maman.*

— *Bien, répond sa mère, soulagée. Comme cela, je ne serai pas inquiète.*

Dès que sa famille a quitté la maison, Mathieu s'empresse de téléphoner à son copain Alexandre pour lui dire:

— *Eh! ç'a marché. Ils sont tous partis, tu peux venir.*

Et Alexandre arrive chez Mathieu avec des cassettes vidéo. Les deux alliés, très contents, s'installent confortablement dans la salle de jeux pour regarder leurs films.

Une heure à peine s'est écoulée que la mère de Mathieu arrive au sous-sol tout essoufflée et s'exclame en colère:

— *Eh bien! en voilà une surprise. Qu'est-ce qui se passe? Et qu'est-ce que tu fais ici, toi, Alexandre?*

— *Euh... Euh... répond Alexandre.*

— *Expliquez-vous, reprend-elle, et ça presse! Je suis partie du travail, inquiète, parce que je téléphonais et qu'il n'y avait pas de réponse et je vous retrouve tous les deux dans la salle de jeux en train de regarder des films et de manger des croustilles en plus. Et ton mal de ventre, Mathieu? Et tes crampes?*

Mathieu, très mal à l'aise, rougit et baisse la tête. Sa mère continue:

> — *Mon fils, les menteurs, moi je n'aime pas ça. Pour satisfaire tes intentions malhonnêtes, tu nous as trompés, tu nous as menti. Tu as trahi ma confiance en plus de m'avoir rendue très inquiète. Je m'en souviendrai longtemps de celle-là, tu peux en être sûr! Quant à toi, Alexandre, je ne pourrai plus te faire confiance. Vous n'avez pas fini avec moi, tous les deux. Allez, éteignez ça tout de suite! Je vous amène immédiatement à l'école.*
>
> *C'est d'un air penaud que les complices suivent la mère de Mathieu.*

L'écran des enfants s'éteint.

— Oh! Oh! s'exclame Alpha. C'était tout un jeu d'intentions masquées.

— Exactement le contraire de la transparence, constate Patricia.

— Je comprends très bien maintenant, ajoute Willie. La tromperie et la transparence, ça ne va pas ensemble.

— Moi aussi, moi aussi, je comprends, disent plusieurs jeunes.

— Amis terriens, reprend Oméga, vous avez vu juste: c'était tout un jeu **d'intentions masquées.** Lorsqu'il y a ainsi des jeux de tromperies et des jeux de trahison de confiance entre les humains, sachez qu'ils s'engagent dans des séries de mensonges et de peurs de se contredire. Ces terriens ne se dirigent pas alors vers la voie de l'harmonie, mais plutôt vers celle de l'hypocrisie et des conflits. Comme ils ont à cacher leurs mensonges pour ne pas être vus tels qu'ils sont ou pour couvrir un ami ou un proche, il ne peut plus exister de **transparence** entre eux.

Et devenant tout scintillant, Élément-Rétroaction ajoute alors en faisant jaillir des éclairs de lumière:

— Mon but à moi, Élément-Rétroaction, c'est d'éliminer les sources de conflits en faisant jaillir la vérité; c'est donc de faire la lumière sur les **intentions véritables**, de clarifier ce qui s'est réellement vécu dans une situation afin de bien voir ce qui a réellement causé un problème.

Élément-Rétroaction poursuit:

— Étant donné la mauvaise habitude qu'ont beaucoup de terriens d'utiliser le mensonge pour obtenir ce qu'ils veulent, pour dominer les autres ou pour détruire des amitiés, des amours et même des groupes, plusieurs d'entre eux préfèrent ne pas m'utiliser et laisser les problèmes s'accumuler. Ainsi, ils croient réussir facilement à cacher ou masquer leurs **intentions** destructrices. Vous savez maintenant, jeunes terriens, qu'ils ne pourront plus vous tromper, car **par leur comportement et par leurs actions, vous verrez leurs véritables intentions**.

Il est important, ajoute Élément-Rétroaction, que vous compreniez bien que lorsque de plus en plus de terriens honnêtes et voulant vivre en harmonie accepteront d'utiliser la **rétroaction** pour clarifier ce qui leur crée une difficulté ainsi que pour **résoudre** leurs problèmes, ils vivront alors dans la **transparence** et ils découvriront un plaisir très grand. Plus la **transparence** existera entre les habitants de votre planète, moins il y aura de gens inquiets, anxieux, angoissés. Jeunes terriens, observez cette scène à vos écrans personnels.

> *Rosalie est installée dans un fauteuil et elle se ronge les ongles en agitant nerveusement une jambe.*
>
> *— Oh! s'inquiète-t-elle, s'il fallait que Marlène dise à Nadia ce que j'ai dit contre elle, quel drame ça ferait!*
>
> *Et elle sursaute, effrayée par cette idée.*
>
> *— Ah! j'espère qu'elle n'ira pas le lui répéter. Si elle le fait, je pourrais dire que c'est quelqu'un d'autre qui m'a dit ça. Non, ce serait mieux si... Oh! s'il fallait que...*
>
> *Et elle continue ainsi pendant des heures à s'inquiéter.*

Et l'écran de chacun des enfants s'éteint. Élément-Rétroaction poursuit:

— Jeunes terriens, pendant que vous regardiez Rosalie à vos écrans personnels, j'ai remarqué que plusieurs d'entre vous semblaient se rappeler une situation semblable dans laquelle ils s'étaient inquiétés.

— Moi, avoue Miguel, ça m'est souvent arrivé avant de vous connaître.

— Moi aussi, déclare Christelle, et des communications indirectes comme vous dites, moi aussi, j'en faisais avant d'avoir appris à vivre en harmonie.

— Des fois même, enchaîne Alpha, c'était le moyen qu'on utilisait à l'école, par exemple, pour ne pas avoir un cours. On s'organisait un petit groupe et on disait qu'un élève avait dit quelque chose de méchant contre le professeur, et celui-ci se choquait. Pendant ce temps-là, on n'avait pas de cours. Ça fonctionnait presque à tout coup parce qu'on se mettait à plusieurs contre celui qu'on n'aimait pas  et on disait tous la même chose. Par contre, après, on avait souvent peur qu'un membre du groupe nous dénonce.

 — Jeunes terriens, affirme Élément-Rétroaction, vous qui vouliez comprendre comment se créent les guerres, vous avez votre réponse. Ce qu'Alpha vient de nous raconter, la majorité d'entre vous l'avez déjà expérimenté dans vos pays. Nous appelons cela faire des **alliances d'intentions négatives**, c'est-à-dire se mettre à plusieurs contre un. Et c'est ainsi que commencent les guerres. Amis voyageurs, vous devez bien comprendre que ces alliances se créent souvent par désir de vengeance. Dis-moi, Alpha, un des jeunes à qui vous avez fait ce coup s'est-il vengé par la suite?

— Oh oui! répond Alpha en se rappelant un souvenir. Lui aussi a fait comme nous. Il a utilisé ses amis et ils ont fait le même coup à un de mes amis.

— Et est-ce que cela vous a donné une leçon pour arrêter votre jeu d'intentions? demande Élément-Rétroaction.

243

— Non, pas à ce moment-là, reprend Alpha. On a décidé de se venger encore plus fort et comme on avait plusieurs amis, on a fait un plus gros groupe, une plus grosse alliance d'intentions, comme vous dites. Mais, cette fois-là, ç'a été plus grave, ç'a viré en bataille.

— Hum! Hum! fait Élément-Rétro-action en réfléchissant, puis il ajoute: Je dirais plutôt que cette situation était en apparence plus grave parce que vous en êtes venus aux coups, mais n'oubliez pas que la bataille avait commencé bien avant que les premiers coups soient échangés. Elle avait commencé par le premier jeu **d'intentions** de vous regrouper pour nuire

à ce jeune que vous n'aimiez pas. Et tant que vous n'accepterez pas de faire une rétroaction pour regarder honnête-ment, dans la **transparence,** comment cela a véritablement commencé et tant que vous n'accepterez pas d'admettre que vous avez utilisé une **intention masquée** pour vous venger ou pour obtenir quelque chose, vous risquez de vous durcir et d'avoir à utiliser des moyens de plus en plus violents, dans l'intention de vous cacher à vous-mêmes ou de cacher aux autres qu'à la base, vous vouliez avoir raison contre quelqu'un.

Jeunes terriens, poursuit Élément-Rétroaction, sachez que, lorsque les positions de deux groupes sont durcies, c'est-à-dire lorsqu'ils s'entêtent à conti-nuer à s'échanger des coups pour se venger, seul compte alors à leurs yeux le désir de gagner, et peu importe le moyen utilisé. C'est pourquoi, dans vos pays, des groupes en arrivent à se combattre avec toutes sortes d'armes en commençant par la violence verbale, les accusations mensongères, les communications indirectes, les jeux d'alliances pour agrandir les clans, et ceci peut très rapidement dégénérer en combats de rue souvent armés.

Chaque année, déclare Élément-Rétroaction, de nombreux jeunes meurent sur votre planète à cause de guerres qui ont commencé par des jeux **d'intentions masquées** pour avoir raison coûte que coûte. Et le prix que vous payez maintenant sur votre planète se calcule en vies humaines, en avenirs brisés, en rêves détruits, en souffrances horribles, indescriptibles.

Quels sont ceux parmi vous qui viennent de pays actuellement en guerre? demande Élément-Rétroaction.

— Moi, moi, moi, répondent plusieurs jeunes.

— Et, continue Élément-Rétroaction, combien d'entre vous, dont les pays ne sont pas en guerre, ont entendu parler de vengeances qui se terminent en combats de rue entre jeunes, en règlements de compte entre gangs ou entre groupes alliés, et qui ont aussi entendu parler de jeunes qui ont perdu la vie dans ces échanges de coups?

— Moi, moi, moi. Et tous les jeunes dont les pays ne sont pas en guerre sont unanimes pour dire que, dans leurs pays, cela existe.

— Quel malheur! affirme Élément-Rétroaction, ces **intentions masquées,** ces **intentions de vengeance** s'accumulent et s'amplifient au point de conduire des jeunes dans des bagarres, dans des luttes armées les amenant à s'entre-tuer.

Pour réussir votre mission, jeunes terriens, pour **prévenir** et **résoudre** ce grave problème sur votre planète, vous aurez à convaincre les habitants de la Terre de m'utiliser en **prévention** et en **résolution** de problèmes. Vous les inviterez donc à effectuer une **rétroaction** en profondeur sur ce qui les amène à constamment avoir envie de se venger.

Amis terriens, ajoute Élément-Rétroaction, lorsque vous entendrez un jeune vous parler de son désir de se venger pour apaiser sa colère ou sa frustration ou sa peine, utilisez-moi.

- Prenez le soin **d'écouter** très **attentivement** ce jeune et de reconnaître ce qui l'affecte au point où il n'a qu'un désir: la vengeance. Il peut en avoir gros sur le cœur contre l'école, ou contre le personnel de l'école, ou contre des élèves, ou des groupes d'élèves. Il est possible aussi qu'il en ait gros sur le cœur contre certains membres de sa famille.

- N'embarquez pas dans son problème, mais **comprenez** plutôt sa souffrance.
- Soyez prêts à **entendre** tout ce qu'il a à dire et à **recevoir** son message en entier.
- Surtout ne soyez ni le juge qui condamne ni l'arbitre qui décide que l'un ou l'autre a tort.
- Soyez uniquement le **récepteur,** soyez celui qui sait **écouter** et qui **comprend** que, dans certaines conditions difficiles, quand un jeune n'a pas de moyens pour résoudre ses problèmes, il est vrai qu'il en a vite ras-le-bol et qu'il a envie de se venger.

- Démontrez à ce jeune que vous le **comprenez** en **décodant** bien ce qui l'affecte. Surtout, n'amplifiez pas ses messages et ne les diminuez pas non plus.

  - Si ce jeune s'est senti humilié en groupe, comprenez bien comment cela l'affecte et l'empêche d'avoir envie de retourner dans ce groupe.

  - Puis, aidez-le à découvrir quand et comment tout cela a commencé, depuis combien de temps ce problème existe, les **jeux d'intentions** ainsi que les **communications indirectes** ayant alimenté les désirs de vengeance.

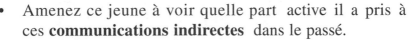

- Amenez ce jeune à voir quelle part active il a pris à ces **communications indirectes** dans le passé.

- Lorsqu'il se sentira apaisé, démontrez-lui ce que vous savez de la vengeance.

- Par la suite, invitez ce jeune à apprendre comment il peut utiliser les **sept éléments de la communication** pour **prévenir** et **résoudre** ses problèmes personnels au lieu d'entretenir des idées de vengeance.

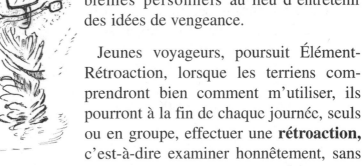

  Jeunes voyageurs, poursuit Élément-Rétroaction, lorsque les terriens comprendront bien comment m'utiliser, ils pourront à la fin de chaque journée, seuls ou en groupe, effectuer une **rétroaction,** c'est-à-dire examiner honnêtement, sans se mentir à eux-mêmes ni aux autres, quelles **intentions** les ont poussés à agir au cours de cette journée. Après cet examen, ils auront à se poser les questions suivantes:

-   Si, comme sur la planète AZ126, ils pouvaient se servir d'une sphère afin de faire voir aux autres membres de leur famille et à leurs amis comment s'est déroulée leur journée, est-ce qu'ils seraient à l'aise de l'utiliser avec:

*   chacun des membres de leur famille?

    oui ☐   non ☐

*   chacun de leurs amis?

    oui ☐   non ☐

*   chacun de leurs compagnons de classe?

    oui ☐   non ☐

*   chacun de leurs professeurs?

    oui ☐   non ☐

-   Si leur réponse est NON, est-ce qu'ils rejettent cette **transparence** dans le but de:

*   cacher des intentions malveillantes?
*   cacher d'avoir trahi quelqu'un par des communications indirectes mensongères et/ou négatives?

    oui ☐   non ☐

*   autres raisons?

    Réponse:_____

C'est après avoir examiné leurs **véritables intentions,** poursuit Élément-Rétroaction, qu'ils pourront décider de renoncer à leurs désirs de vengeance et accepter de corriger leurs erreurs de parcours. Cet exercice leur permettra, de plus, de ne pas se mentir à eux-mêmes en se faisant croire que seuls les autres sont responsables de leurs problèmes, que c'est la faute de celui-ci ou de celle-là.

Jeunes terriens, explique Élément-Rétroaction, sur la planète AZ126, aucun des habitants n'alimente des jeux de vengeance. Sur cette planète, l'envie et la jalousie n'existent pas. Chacun reçoit tellement **d'attention** qu'il ne lui viendrait même pas à l'idée de jouer des jeux **d'intentions** pour en obtenir plus. Chacun se sent concerné par le bien-être des autres membres de sa famille ou de son groupe et aucun d'entre eux ne penserait à faire du mal à un autre.

— Oui, mais, demande Igor, si c'est quelqu'un qu'ils n'aiment pas?

À peine Igor a-t-il terminé sa question que le miroir frontal d'Élément-Rétroaction s'agrandit et que le mot AMOUR s'y inscrit en lettres flamboyantes.

Élément-Rétroaction affirme alors:

— Les gens de cette planète ne connaissent pas la haine. Chacun des habitants a grandi dans l'amour ainsi que dans le respect des différences. Ils ont reçu une véritable **éducation** et beaucoup d'amour et **d'attention** de la part de leurs parents. Sur cette planète, il n'y a pas d'enfants négligés, mal aimés, rejetés ou abandonnés à eux-mêmes. Ils ont tous appris à se respecter et ils s'aiment réellement.

— Oui, mais, reprend Igor, ça doit arriver qu'ils ne soient pas d'accord, ça doit arriver qu'ils aient des problèmes?

— Oh oui! reprend Élément-Rétroaction. Bien sûr, cela arrive tous les jours. Cependant, ils savent m'utiliser en **résolution** de problèmes. De plus, ils ont appris très jeunes à dire clairement ce qu'ils aiment, ce qu'ils n'aiment pas, que ce soit pour les vêtements, la nourriture, les loisirs, les tâches. Et ils s'expriment ainsi sans jamais blesser ou injurier ou ridiculiser les autres. Sur la planète AZ126, les habitants savent se respecter dans leurs différences de goûts, de désirs, et nul n'aurait l'idée d'imposer à une personne une tâche que lui-même ne veut pas faire ou de l'obliger à porter un vêtement qu'elle n'aime pas, sous prétexte que lui-même l'aime. Sur la planète AZ126, quand une tâche semble moins agréable à effectuer, les gens se portent tous volontaires pour l'accomplir ensemble, de façon à ce que ce travail soit plus rapidement terminé, et surtout que l'accomplissement n'en revienne pas entièrement à un seul des leurs. Alors, ils **s'entraident** et aucun d'entre eux n'aurait l'idée de se défiler.

Mais dites-moi, jeunes terriens, demande Élément-Rétroaction, tout au cours de votre long voyage pour arriver ici, y a-t-il eu des tâches que vous n'aimiez pas tellement exécuter dans votre vaisseau spatial?

— Oh oui! avoue Paméla. Pour moi, c'était la surveillance par radar. On se relayait à toutes les heures mais, moi, ça m'ennuyait d'entendre le bip incessant de l'appareil.

— Moi, admet Luis, c'était la planification des horaires. Je trouvais ça compliqué à faire et, quand venait mon tour, j'aurais préféré faire un travail plus actif comme être au centre de contrôle.

— Moi, affirme Lysa, c'était le travail de nuit aux télécommunications. Je trouvais ça difficile de rester éveillée. Il fallait que je trouve des trucs pour ne pas m'endormir.

— Et, questionne Élément-Rétroaction, auriez-vous laissé quelqu'un que vous n'aimez pas faire ces tâches à votre place?

Surpris par cette question, les jeunes se regardent tous et répondent en chœur:

— Mais! nous nous aimons tous.

— Oui, reprend Nova, nous savons communiquer et nous avons tous appris à nous connaître, et même si nous sommes de pays différents, nous nous aimons. Nous n'avons jamais laissé un membre du groupe faire les corvées tout seul; nous avons appris à nous entraider.

— Et comment vous sentiez-vous de vous partager ainsi les tâches à faire? demande Élément-Rétroaction.

— Très bien, répond Roberto. Nous ne faisions pas exactement comme sur la planète AZ126 pour le partage des tâches, mais ça se ressemblait. Puis, quand surgissait un problème ou quand nous étions en désaccord, ce n'était pas compliqué à solutionner.

Et, prenant en main la clé que chacun a reçue lors de son premier voyage, Roberto ajoute en la montrant:

— Nous avions notre clé de résolution de problèmes et nous vous utilisions. Comme ça, il n'y avait jamais de danger que nos problèmes se transforment en conflits ou en désirs de vengeance. Aucun d'entre nous n'aurait laissé faire cela.

— Si j'ai bien compris, reprend Élément-Rétroaction, en utilisant votre **clé de résolution de problèmes**, vous avez réussi à vivre ensemble en harmonie et vous avez réussi à **prévenir** les conflits, les jeux **d'intentions,** les alliances entre groupes et ce, même si vous êtes de plusieurs nationalités différentes et même si certains d'entre vous viennent de peuples qui se font la guerre sur la planète Terre.

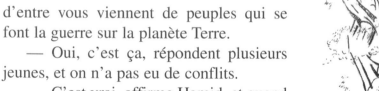

— Oui, c'est ça, répondent plusieurs jeunes, et on n'a pas eu de conflits.

— C'est vrai, affirme Hamid, et quand j'étais en désaccord, même si c'était avec quelqu'un qui vient d'un pays en guerre contre le mien, tous les deux nous vous utilisions pour nous comprendre.

— C'est très bien, jeunes terriens, reprend Élément-Rétroaction. Comme vous avez expérimenté la résolution de problèmes lors de votre voyage, il vous est donc facile de comprendre que lorsque les habitants de la planète AZ126 sont en désaccord ou qu'ils ont des problèmes, ils utilisent les éléments de la communication pour les résoudre et, étant donné que, depuis des siècles, ils ont créé une **alliance** pour vivre en harmonie, aucun d'entre eux n'aurait l'idée d'être injuste ou de gagner au détriment d'un autre. Les habitants de cette planète ne jouent pas de jeux **d'intentions masquées.**

Je laisse maintenant la parole à Maître Oméga, ajoute Élément-Rétroaction.

— Jeunes voyageurs, explique Oméga, il est important pour la réussite de votre mission que vous compreniez que, dès qu'un désir de vengeance naît ou persiste, cela démontre clairement que la **rétroaction** n'a pas été utilisée pour clarifier une situation problématique. C'est pourquoi, lorsque vous serez de retour sur votre planète, vous devrez enseigner aux terriens comment utiliser la **rétroaction** pour **résoudre** leurs problèmes quotidiens au lieu de se servir de la vengeance pour apaiser leurs émotions, leurs frustrations et leurs colères. Faites ceci avant que leurs désirs de vengeance ne dégénèrent en alliances destructrices ou, si vous préférez, en guerres de gangs ou de groupes.

Le miroir frontal d'Élément-Rétroaction s'agrandit alors et l'image d'un jeune en pleurs et d'un autre faisant une crise de colère s'y dessine.

Oméga dit:

— Je constate que vous avez un message à transmettre à nos jeunes amis, Élément-Rétroaction. Alors, je vous laisse la parole.

— Merci, Maître Oméga. Puis s'adressant aux jeunes, Élément-Rétroaction leur explique:

— Amis terriens, il est très important que vous compreniez que tant qu'une personne est bouleversée, tant qu'elle est aux prises avec des frustrations, des désirs de vengeance, son émotion ou sa révolte l'empêche d'avoir envie d'apprendre à vivre en harmonie. C'est seulement lorsque ses émotions et ses frustrations seront apaisées par **l'écoute affective,** c'est-à-dire après que vous aurez compris la situation qui l'affecte, que cette personne aura de **l'attention** disponible pour entendre vos messages de paix et d'harmonie. Retenez bien ceci: son bouleversement et sa frustration doivent d'abord être apaisés avant que cette personne ne devienne en mesure **d'écouter** car, amis terriens, vous devez bien comprendre que l'émotion ou la révolte capte toute son **attention** et que cette personne n'a plus alors **d'attention** disponible pour **entendre** et pour **comprendre** un message.

Puis, se retournant vers Natacha, Élément-Rétroaction lui demande:

— Veux-tu me résumer ce que je viens de vous expliquer?

— Oui, répond Natacha. Lorsque quelqu'un est en colère ou qu'il a de la peine, comme les jeunes que l'on aperçoit dans votre miroir, ça ne sert à rien que je lui explique comment vivre en harmonie. Ça ne peut pas l'intéresser parce que la situation qui le met en colère ou qui le fait pleurer capte toute son **attention**. Avant de lui parler de quelque chose, c'est important que j'écoute d'abord ce qu'il a à dire afin de comprendre ce qui le frustre ou ce qui le rend triste. Lorsque je l'aurai comprise, cette personne sera capable d'être attentive à mes messages de paix, mais pas avant. Elle pourrait m'envoyer promener, comme ça m'est déjà arrivé.

— Bien, dit Élément-Rétroaction. Maintenant, amis terriens, je dois m'assurer que chacun d'entre vous a bien **reçu** et bien **décodé** mes messages et ceux de Maître Oméga.

Et Élément-Rétroaction invite chacun des jeunes à lui démontrer ce qu'il a compris. Il s'assure ainsi qu'à leur retour sur la planète Terre, ils seront en mesure de réussir leur mission et de démontrer à encore plus de terriens comment **prévenir** et **résoudre** leurs problèmes de communication avant qu'ils ne se transforment en désir de vengeance et en guerre de gangs.

Puis, laissant ses visiteurs réfléchir à ce qu'ils viennent d'apprendre, Oméga adresse le message suivant à chacun des lecteurs membres de l'Alliance pour la paix sur la planète Terre.

— Bonjour, jeune lecteur terrien! Il est possible que, toi aussi, sur ta planète, tu aies pris la mauvaise habitude d'accumuler des frustrations au lieu de **résoudre** chaque jour tes problèmes de communication. Il se peut aussi que cette frustration et cette colère conservées en toi t'aient, par la suite, amené à créer des **alliances** avec d'autres personnes pour te venger, pour faire payer ceux qui t'avaient blessé. C'est pourquoi, afin que tu puisses constater que la vengeance n'amène qu'un soulagement passager suivi de frustrations nouvelles ainsi que d'alliances encore plus fortes pour une autre vengeance, je te demande maintenant de faire l'exercice pratique qu'a préparé pour toi Élément-Rétroaction. Par ta compréhension, ami lecteur, tu contribueras à aider les jeunes voyageurs de l'espace à rétablir la paix et l'harmonie sur ta planète.

Surtout, poursuit Oméga, ne fais pas cet exercice trop rapidement. Réfléchis bien avant de répondre. Tout comme les jeunes voyageurs, prends le temps de bien te rappeler une scène réelle et assure-toi de la revoir en entier afin de bien comprendre tout ce que nous avons expliqué. J'invite maintenant Élément-Rétroaction à t'adresser son message.

— Merci, Maître Oméga, répond Élément-Rétroaction qui fait apparaître à l'écran du lecteur le message que voici:

Salut à toi, jeune lecteur terrien! Afin que tu puisses vérifier ta compréhension de ce qui t'a été enseigné dans ce chapitre et que, par la suite, tu puisses aider les jeunes voyageurs à accomplir leur mission, je te propose maintenant de faire cet exercice et de répondre honnêtement aux questions qui le suivent. Cela te permettra de mesurer la frustration qui amène, de fois en fois, tant de jeunes dans des désirs de vengeance. Voici l'exercice:

- *Rappelle-toi une situation qui t'est arrivée et dans laquelle, à la suite d'une **communication indirecte**, il y a eu un conflit entre un de tes amis et toi.*
- *Décris sur cet écran ce qui s'est passé.*

Ami lecteur, dis-moi, dans cette scène,
- *la **communication indirecte** avait-elle pour but de provoquer ce conflit?*

*Réponse*_____

- *Quel intérêt avait cette personne à ce qu'un conflit éclate entre ton ami et toi?*

*Réponse*_____

- À la suite de cette expérience, quelle émotion a monté en toi?

  OU

- Quelle révolte a grondé en toi?

  *Réponse*_____

- Avant cette scène, ton ami ou toi aviez-vous l'habitude de faire des **communications indirectes** contre cette personne ou contre ses amis?

  oui ☐   *non* ☐

  Si oui, pourquoi vouliez-vous nuire à cette personne?

  *Réponse*_____

- Est-ce pour se venger de ce que vous avez fait dans le passé que cette personne s'est organisée pour qu'un conflit éclate entre un de tes amis et toi?

  *Réponse:*_____

- Comme suite à cette mauvaise expérience, as-tu eu **l'intention** de te venger?

  oui ☐   *non* ☐

- Est-ce qu'il s'en est suivi une escalade de vengeances?

  oui ☐   *non* ☐

Jeune lecteur terrien, si tu as fait attentivement cet exercice et si tu as répondu honnêtement à chacune des questions et que tu as observé comment les **communications indirectes** *provoquent des conflits et alimentent des désirs de vengeance, tu comprends quelles révoltes et quelles souffrances peuvent naître à la suite de ces communications indirectes malveillantes. Tu peux comprendre maintenant l'importance d'arrêter de participer à de telles communications ainsi que de refuser d'en être le récepteur.*

Maintenant que tu comprends mieux les jeux **d'intentions masquées** *qui existent derrière toute communication indirecte, je t'invite, jeune lecteur terrien, à partager ton expérience et tes nouvelles connaissances avec tes parents, avec tes frères et sœurs, avec tes professeurs, avec tes compagnons de classe et avec tes amis. Ainsi, avec ton aide, ils pourront à leur tour comprendre l'importance d'utiliser chaque jour la* **rétroaction** *pour* **résoudre** *leurs problèmes et pour refuser toutes les alliances négatives qui vont à l'encontre de l'Alliance pour la paix sur la planète Terre. C'est ainsi qu'ensemble, vous contribuerez à aider les jeunes voyageurs à réussir leur mission et que la paix pourra s'établir, d'abord dans le cœur de chacun et s'étendre ensuite sur ta planète. À plus tard, ami lecteur, et bonne expérimentation!*

L'écran du lecteur s'éteint, puis Élément-Rétroaction disparaît.

CHAPITRE 7

LES PRÉPARATIFS DE RETOUR SUR LA PLANÈTE TERRE

 Oméga regarde affectueusement chacun des jeunes voyageurs, puis il leur dit:

— Amis terriens, c'est dans le but de vous aider à réussir votre mission que nous vous avons appris comment ramener la paix dans le cœur des habitants de votre planète. Il est maintenant temps pour vous de regagner votre vaisseau et de vous préparer pour votre retour, car vous êtes attendus avec beaucoup d'impatience par tous ceux qui désirent vous aider dans votre mission. Ils ont hâte de savoir ce que vous avez appris et de comprendre comment en arriver à prévenir la délinquance. Sachez, jeunes voyageurs, que nous nous reverrons dès qu'il sera temps pour vous de continuer vos apprentissages.

— Youpi! font plusieurs jeunes, contents d'apprendre qu'ils reviendront dans l'astronef d'Oméga.

— Super! s'exclame Christelle, j'en suis bien heureuse. Nous serons sûrement appelés par Élément-Émetteur, ajoute-t-elle en prenant en main sa clé.

Un léger bip provenant de sa clé se fait alors entendre en signe de réponse.

Les jeunes, à la fois tristes de devoir quitter Oméga et heureux d'apporter des réponses concrètes au problème de la délinquance qui se vit sur leur planète, restent un moment silencieux, puis ils expriment leur désir et leur hâte de transmettre aux habitants de la Terre ce qu'ils ont si bien appris et compris.

Ils savent que leurs messages sont impatiemment attendus par tous ceux qui sont membres de l'Alliance pour la paix qui n'attendent que leur retour pour les aider dans l'accomplissement de la deuxième partie de leur mission.

Constatant que l'heure du départ approche, Steve dit alors:

— Je vous remercie beaucoup, Oméga, pour tout ce que vous nous avez enseigné. Moi, j'ai hâte maintenant de retourner sur ma planète et de démontrer l'importance des **règlements** aux gens de mon pays. Je leur expliquerai pourquoi plusieurs d'entre eux ne veulent plus rien savoir des règlements. Je leur enseignerai aussi comment faire pour reconnaître un **vrai** règlement d'un **faux.** Je suis sûr

qu'ainsi ils comprendront pourquoi ils en sont même venus à détester le mot **règlement** et à avoir tellement envie de les enfreindre quand ils savent qu'ils ne risquent pas de se faire prendre.

— Moi aussi, c'est ce que je ferai, ajoute Paméla. Puis, quand je reverrai mes parents, mes amis et les habitants de mon pays, je leur ferai comprendre, et l'importance de **l'éducation** et les moyens qu'utilisent certains adultes pour rendre des jeunes violents. Je ferai cela comme vous nous l'avez démontré. Je leur expliquerai aussi comment un mauvais décodage du mot **éducation** a contribué à transformer des enfants en jeunes **Je, Me, Moi** dominateurs et complètement indifférents à la souffrance qu'ils font subir aux autres.

— Moi, enchaîne Igor, à tous ceux qui m'attendent dans mon pays, je parlerai de mon expérience sur la planète de la **Liberté sans limites.** Je leur ferai voir comment le manque de respect pour les droits et pour la liberté de chacun est à l'origine des conflits et des guerres. J'ai hâte aussi de leur démontrer que, sans **règlements,** il n'y a pas de jeux, pas de rôles et pas d'harmonie possibles, et que c'est à cause de cela que des gens en arrivent à se détester et à avoir envie de s'armer et de s'entretuer, même s'ils vivent dans le même pays.

— Moi, déclare Angelo, j'ai hâte de retrouver mes amis et tous ceux qui nous attendent et de leur décrire comment vivent les familles sur la planète AZ126. Je veux leur enseigner ce qu'est la **transparence dans les intentions,**

la coopération et les **échanges** dans les différentes tâches à faire. J'ai surtout hâte de leur apprendre comment les habitants de la planète AZ126 utilisent la **rétroaction** pour parler de leur journée et faire voir à toute leur famille ce qu'ils ont ou n'ont pas aimé, les problèmes qu'ils ont eus et comment ils ont fait pour les résoudre.

— Moi, j'ai hâte de retourner sur la planète Terre, dit Mary, et d'enseigner tout ce que j'ai appris aux gens de mon pays. Au début, j'irai voir ceux qui connaissent déjà les éléments de la communication et je vais leur expliquer l'importance d'être **attentifs** aux jeunes qui souffrent, qui s'isolent. Je vais leur démontrer comment, en **écoutant** ce qui les fait souffrir, ils peuvent les aider à ne pas se laisser embarquer dans la drogue, dans l'alcool et dans la délinquance. Quand ils auront bien compris, je leur demanderai de m'aider à aider ces jeunes.

— Jeunes terriens, affirme Oméga, je vous encourage à procéder comme Mary, lors de votre retour, afin que vous vous sentiez appuyés dans votre mission par tous ceux qui sont actuellement membres de l'Alliance pour la paix sur la planète Terre. Vous devez savoir que ceux qui vous attendent sont maintenant prêts à faire de nouveaux apprentissages et qu'ils ont hâte de vous aider à ramener la paix dans le cœur des humains. Continuez à bien utiliser les **sept éléments de la communication qui sont la clé de la prévention et de la résolution de problèmes** car c'est avec eux que la paix pourra s'établir sur la planète Terre. Je vous invite à apporter ce nouveau message **d'entraide** aux habitants de votre planète afin que vous réussissiez à créer une alliance encore plus grande pour la paix et l'harmonie. Jeunes terriens, rappelez-vous qu'en tant que Gardien de la paix des univers, la réussite de votre mission me tient à cœur et chaque action que vous faites pour rétablir et maintenir l'harmonie m'apporte une grande joie, non seulement à moi mais aussi à vos amis Éléments.

Les sept Éléments de la communication apparaissent alors au centre de l'écran mural tout radieux et brillant de mille étincelles.

Oméga ajoute alors:

— Conservez bien précieusement la **clé** que je vous ai remise, symbole de l'Alliance pour la paix sur la planète Terre. Utilisez-la tous les jours en **prévention** et en **résolution** de problèmes. Jeunes amis, il est maintenant temps pour vous de repartir, mais sachez qu'en réalité, nous ne nous quittons pas vraiment, car je porte chacun d'entre vous dans mon cœur.

Et, au moment où Oméga prononce ces paroles, une reproduction miniaturisée de chacun des jeunes terriens se dessine et un cœur scintillant se forme autour de lui.

— Oh! s'exclament les jeunes, émerveillés.

— Oh! c'est moi en miniature, dit Tania en montrant son double du doigt.

— Et moi, je suis là, constate Ramirez.

— Et moi, ici, et moi, là, ajoutent les autres en se reconnaissant.

Puis, d'un geste affectueux, Oméga recueille chacune des miniatures et les porte à son cœur. Le double des jeunes disparaît alors en laissant à leur place un scintillement d'étincelles de lumière.

— Moi aussi, je vous porte dans mon cœur, avoue Alpha, ému.

— Moi aussi, moi aussi, ajoutent les autres jeunes, gagnés par l'émotion.

— Jeunes terriens, affirme Oméga, comprenez bien que vous serez toujours les bienvenus ici et que je vous accompagne par la pensée pour toute la durée de votre mission.

Jeunes amis, nous ne nous quittons pas vraiment, car je porte chacun d'entre vous dans mon cœur.

Puis, d'un léger mouvement de tête, Oméga fait apparaître un couloir de lumière qui réunit de nouveau son astronef au vaisseau spatial des jeunes terriens.

— J'invite maintenant les Éléments de la communication à vous raccompagner sur votre planète, ajoute Oméga.

Regardant ensuite avec bienveillance chacun des jeunes voyageurs, il leur déclare:

— Puissiez-vous réaliser votre mission dans la paix et le plaisir de travailler pour le bien-être des humains!

Élément-Émetteur annonce alors:

— Jeunes voyageurs, c'est l'heure du départ. Je vous demande donc de bien vouloir nous suivre.

— Au revoir! Oméga, dit Nova en faisant un signe de la main.

— À bientôt, Oméga, s'écrient les jeunes.

— À l'an prochain, jeunes amis terriens, leur répond Oméga.

Puis les jeunes voyageurs s'engagent dans le couloir de lumière en jetant un dernier regard vers Oméga qui les salue chaleureusement.

Arrivés dans leur vaisseau spatial, les jeunes, heureux de leur séjour et excités à l'idée de revoir leurs parents et leurs amis, se préparent avec enthousiasme pour leur long voyage de retour.

Les sept Éléments de la communication encerclent alors leur vaisseau spatial et sitôt qu'ils reçoivent le signal de départ d'Oméga, un arc-en-ciel étincelant se forme entre eux.

Et c'est ainsi, qu'une fois de plus, les jeunes voyageurs reviennent en toute sécurité sur leur planète où les attend une foule pressée par le désir d'apprendre ce qu'Oméga et les sept Éléments leur ont enseigné au cours de leur longue aventure interplanétaire.

CHAPITRE 8

MESSAGE D'OMÉGA

De son centre d'observation, Oméga, Gardien de la paix des univers, constate avec joie que tous les jeunes voyageurs se sont mis à l'œuvre dès leur retour et qu'ils ont commencé à accomplir leur mission. Dans un désir ardent de leur venir en aide, Oméga envoie ce message:

— Jeune lecteur terrien, toi qui connais les sept éléments de la communication et qui les utilises afin de réussir à vivre en harmonie avec tes proches, je t'invite maintenant à te joindre aux jeunes voyageurs et à les aider dans la réussite de la deuxième partie de leur mission. Tu peux le faire en contribuant, toi aussi, à démontrer:

- pourquoi tant de jeunes se révoltent contre les règlements;
- pourquoi tant de jeunes décrochent du monde des adultes;
- comment de jeunes enfants en arrivent à être violents;
- comment aider des jeunes à échapper à l'univers des drogues et à la délinquance

ainsi que tout ce que tu as appris dans ce livre. C'est lorsque chacun des habitants de ta planète qui veut vivre en harmonie collaborera à la mission de paix des jeunes voyageurs que les guerres entre les groupes, entre les gangs et entre les pays cesseront.

Jeune lecteur, n'oublie jamais que le changement commence dans le cœur de chacun des humains et que c'est en mettant aujourd'hui en pratique tout ce que tu as appris que tu réussiras à soulager la souffrance des jeunes et que tu contribueras à créer un monde de paix et d'harmonie. Ainsi, avec tous les autres jeunes faisant partie de l'Alliance pour la paix sur la planète Terre, tu pourras réussir là où de nombreux adultes ont échoué.

Bonne expérimentation, jeune lecteur!

Oméga
Planète AZ126

GLOSSAIRE

Je te salue, ami lecteur. Ce message s'adresse tout spécialement à toi. Il se peut que le mot que tu cherches ne soit pas inscrit dans ce glossaire. C'est pourquoi je te demande d'avoir toujours à portée de la main un dictionnaire dans lequel tu pourras chercher les mots que tu considères difficiles à comprendre. Si tu ne le fais pas, plusieurs questions resteront pour toi sans réponse. Si, malgré ta recherche, tu n'arrives pas à comprendre un mot, demande à ton professeur ou à tes parents de t'aider. Ainsi, tu pourras bien décoder les messages que je t'envoie.

Oméga
Planète AZ126

271

B

Bouche bée: c'est lorsqu'à la suite d'une surprise, tu restes la bouche ouverte d'étonnement.

Brimer: action qui consiste à priver les autres de leurs droits et/ou de leur liberté. C'est donc lorsqu'une personne empêche un groupe de réaliser ses activités en dérangeant constamment.

C

Charmer: action qui consiste à utiliser des détours ou de la finesse afin d'apprivoiser une future proie. C'est donc lorsque quelqu'un en attire un autre par des douceurs ou des consolations pour l'amener à commettre des actes destructeurs.

Contrordre: c'est une série d'ordres qui se contredisent les uns les autres.

D

Décence: se dit de la tenue vestimentaire qu'il convient de porter selon l'activité en cours ou selon le lieu où l'on se trouve.

Délinquance: se dit des actions allant à l'encontre des lois et des règlements établis par la société. C'est donc lorsque quelqu'un brise le bien d'autrui ou lorsqu'il commet des vols à l'étalage ou lorsqu'il détruit le matériel scolaire. C'est aussi lorsque quelqu'un blesse volontairement une autre personne pour prouver qu'il est le plus fort.

Détriment (au): se dit de ce qui est fait sans se préoccuper du tort causé à autrui.

Discrimination: c'est lorsque tu ne donnes pas la chance à quelqu'un de jouer dans ton équipe en te disant qu'il est trop petit ou qu'il n'est pas assez rapide à ton goût. C'est aussi lorsque tu tiens des propos négatifs contre ceux qui ne viennent pas du même milieu culturel que toi. C'est aussi lorsque tu te paies la tête de gens de nationalités différentes de la tienne.

E

Encontre (à l'): se dit de ce qui est fait en s'opposant à quelqu'un ou à quelque chose.

Ère de paix: c'est l'arrivée d'une période de temps durant laquelle les gens vivent dans la paix les uns avec les autres.

F

Fainéant: se dit de celui qui ne participe pas aux corvées, aux travaux d'entretien et qui a tendance à être paresseux.

Favoriser: action qui consiste à rendre plus facile la réalisation d'une activité ou à aider à atteindre un objectif.

I

Ignorer: c'est lorsque tu fais semblant de ne pas savoir qu'un règlement existe. C'est aussi lorsque tu fais comme s'il n'y avait pas de danger quand tu décides d'enfreindre les règles de sécurité pour épater tes amis. C'est aussi lorsqu'à la maison, tu laisses crier ton frère ou ta sœur quand ils t'interpellent en faisant semblant de ne pas les entendre.

J

Je m'en-foutisme: c'est lorsque, par indifférence ou par manque d'intérêt, tu envoies promener les consignes que tes parents te donnent à la maison. C'est aussi lorsque tu décides de changer des règles du jeu parce que tu te fiches de tes compagnons. C'est aussi lorsque tu quittes ton équipe en haussant les épaules sous prétexte que l'issue de la partie ne te dérange pas.

K

Karatégii: se dit du survêtement que portent certains adeptes des arts martiaux.

M

Malicieux: se dit de celui qui a l'intention de nuire à autrui. C'est donc lorsque quelqu'un dit des méchancetés contre les autres pour avoir l'attention et ainsi se remonter aux yeux de ses amis. C'est aussi lorsque, pour mal faire, quelqu'un dessine des graffitis sur les murs des toilettes publiques. C'est aussi lorsque, pour se venger, quelqu'un brise intentionnellement des objets qui ne lui appartiennent pas.

Maraudeur: se dit de celui qui guette ou épie les moindres signes de faiblesse de quelqu'un afin de l'amener à vivre de la même manière que lui.

P

Prétexte: c'est lorsque quelqu'un donne de fausses raisons pour cacher ses intentions véritables. C'est aussi lorsque quelqu'un utilise des mensonges afin de s'excuser de quelque chose qu'il aurait dû faire et qu'il n'a pas fait.

Profiteur: se dit de celui qui prend plaisir à se servir de la générosité des gens sans jamais rendre de services en retour.

R

Réceptif (non): c'est lorsqu'à la suite de trop grandes souffrances, il n'y a plus d'écoute possible.

Règle de l'art: c'est lorsque tu appliques les règles du jeu et que tu réussis à manier la rondelle et ton bâton de hockey pour compter un but que tu peux dire que tu maîtrises l'art de jouer au hockey. C'est aussi lorsque tu as compris toutes les facettes d'un jeu vidéo et que tu peux te rendre avec succès jusqu'au dernier tableau que tu peux dire que tu maîtrises l'art de ce jeu. C'est aussi lorsque tu réussis à chanter une chanson sans fausses notes que tu peux dire que tu maîtrises l'art de bien chanter.

Relations mondaines: ce sont soit des rencontres, soit des divertissements de luxe entre personnes de la haute société qui aiment beaucoup sortir.

Les Éditions LOGIQUES

ORDINATEURS
VIVRE DU LOGICIEL
par Louis-Philippe Hébert, Yves Leclerc et Me M. Racicot

L'informatique simplifiée
CLARISWORKS 2.1 SIMPLIFIÉ POUR MACINTOSH par Jean Pitre
CORELDRAW SIMPLIFIÉ par Jacques Saint-Pierre
dBASE IV SIMPLIFIÉ par Rémi Andriot
EXCEL 4.0 SIMPLIFIÉ POUR WINDOWS par Jacques Saint-Pierre
EXCEL 5.0 SIMPLIFIÉ POUR WINDOWS par Jacques Saint-Pierre
L'ÉCRIVAIN PUBLIC SIMPLIFIÉ (IBM) par Céline Ménard
L'ORDINATEUR SIMPLIFIÉ par Sylvie Roy et Jean-François Guédon
LES EXERCICES WORDPERFECT 5.1 SIMPLES & RAPIDES par M.-C. LeBlanc
LOTUS 1-2-3 AVANCÉ par Marie-Claude LeBlanc
LOTUS 1-2-3 SIMPLE & RAPIDE (version 2.4) par Marie-Claude LeBlanc
MACINTOSH SIMPLIFIÉ – Système 6 – par Emmanuelle Clément
MS-DOS 3.3 et 4.01 SIMPLIFIÉ par Sylvie Roy
MS-DOS 5 SIMPLIFIÉ par Sylvie Roy
MS-DOS 6.2 SIMPLIFIÉ par Sylvie Roy
NORTON UTILITIES ET NORTON ANTIVIRUS SIMPLIFIÉ par Jean Pitre
PAGEMAKER 3 IBM SIMPLIFIÉ par Hélène Adant
PAGEMAKER 3 MAC SIMPLIFIÉ par Hélène Adant
PAGEMAKER 4 SIMPLIFIÉ (MAC) par Bernard Duhamel et Pascal Froissart
SYSTÈME 7 SIMPLIFIÉ par Luc Dupuis et Dominique Perras
WINDOWS 3.1 SIMPLIFIÉ par Jacques Saint-Pierre
WORD 4 SIMPLIFIÉ (MAC) par Line Trudel
WORD 5 SIMPLE & RAPIDE (IBM) par Marie-Claude LeBlanc
WORD 5.1 SIMPLIFIÉ (MAC) par Line Trudel
WORDPERFECT 4.2 SIMPLE & RAPIDE par Marie-Claude LeBlanc
WORDPERFECT 5.0 SIMPLE & RAPIDE par Marie-Claude LeBlanc
WORDPERFECT 5.1 AVANCÉ EN FRANÇAIS par Patrick et Didier Mendes
WORDPERFECT 5.1 SIMPLE & RAPIDE par Marie-Claude LeBlanc
WORDPERFECT 5.1 SIMPLIFIÉ EN FRANÇAIS par Patrick et Didier Mendes
WORDPERFECT 6.0a POUR DOS SIMPLE & RAPIDE par Marie-Claude LeBlanc
WORDPERFECT 6.0 SIMPLIFIÉ POUR WINDOWS par Patrick et Didier Mendes
WORDPERFECT POUR MACINTOSH SIMPLIFIÉ par France Beauchesne
WORDPERFECT POUR WINDOWS SIMPLIFIÉ par Patrick et Didier Mendes

Les Incontournables
LOTUS 1 2 3 par Marie-Claude Leblanc
MS-DOS 5 par Sylvie Roy
WINDOWS 3.1 par Jacques Saint-Pierre
SYSTÈME 7 MACINTOSH par Dominique Perras et Luc Dupuy
WORD POUR WINDOWS par Patrick et Didier Mendes
WORDPERFECT 5.1 par Patrick et Didier Mendes

Notes de cours
DOS 6.0 – Les fonctions de base
EXCEL 4.0 POUR WINDOWS, Cours 1 – Les fonctions de base
HARVARD GRAPHICS 1.02 POUR WINDOWS – Les fonctions de base
LOTUS 1-2-3, v. 4.0 POUR WINDOWS, Cours 1 – Les fonctions de base
LOTUS 1.1 POUR WINDOWS, Cours 1 – Les fonctions de base
SYSTÈME 7 MACINTOSH – Les fonctions de base
WINDOWS 3.1 – Les fonctions de base
WORD 2.0 POUR WINDOWS, Cours 1 – Les fonctions de base
WORD 2.0 POUR WINDOWS, Cours 2 – Les fonctions intermédiaires
WORD 5.1 POUR MACINTOSH, Cours 1 – Les fonctions de base
WORD 5.1 POUR MACINTOSH, Cours 2 – Les fonctions intermédiaires
WORDPERFECT 5.1 POUR DOS, Cours 1 – Les fonctions de base
WORDPERFECT 5.1 POUR DOS, Cours 2 – Les fonctions intermédiaires
WORDPERFECT 5.1 POUR DOS, Cours 3 – Les fonctions avancées
WORDPERFECT 6.0 POUR DOS, Cours 1 – Les fonctions de base
WORDPERFECT 6.0 POUR DOS, Cours 2 – Les fonctions intermédiaires
WORDPERFECT 6.0a! POUR WINDOWS, Cours 1 – Les fonctions de base
WORDPERFECT 6.0a! POUR WINDOWS, Cours 2 – Les fonctions intermédiaires

Écoles
APPRENDRE LA COMPTABILITÉ AVEC BEDFORD (Tome 1) par H. Brodeur
APPRENDRE LA COMPTABILITÉ AVEC BEDFORD (Tome 2) par H. Brodeur
APPRENDRE LA DACTYLOGRAPHIE AVEC WORDPERFECT par Y. Thériault
APPRENDRE LE TRAITEMENT DE TEXTE AVEC L'ÉCRIVAIN PUBLIC par Y. Thériault
APPRENDRE LE TRAITEMENT DE TEXTE AVEC WORDPERFECT par Yolande Thériault
HARMONIE-JAZZ par Richard Ferland
PERVENCHE (exercices de grammaire française) par Marthe Simard

Théories et pratiques dans l'enseignement
APPRENDRE DANS UN ENVIRONNEMENT PÉDAGOGIQUE INFORMATISÉ
sous la direction de Pierre Bordeleau
DES OUTILS POUR APPRENDRE AVEC L'ORDINATEUR
sous la direction de Pierre Bordeleau
ENSEIGNER LE FRANÇAIS sous la direction de Clémence Préfontaine et Gilles Fortier
ÉVALUER LE SAVOIR-LIRE sous la direction de J.-Y. Boyer, J.-P. Dionne et P. Raymond
L'ABANDON SCOLAIRE par Louise Langevin
L'ALPHABÉTISATION par Hélène Poissant

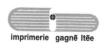

imprimerie gagné ltēe

IMPRIMÉ AU CANADA

Août 1995